La Brève Histoire de la Seconde Guerre Mondiale en Asie

La guerre d'Asie-Pacifique, la flotte orientale, Pearl Harbor et la bombe atomique qui a ébranlé le Japon

(1941-1945)

Avis de non-responsabilité

1

Introduction

La Seconde Guerre mondiale en **Asie** (également appelée **guerre du Pacifique**, (et) *guerre du Pacifique*) s'est déroulée en Asie orientale et dans l'océan Pacifique entre l'Empire japonais et une coalition d'alliés, dont les principaux sont les États-Unis, la Chine et (à partir d'août 1945) l'Union soviétique.

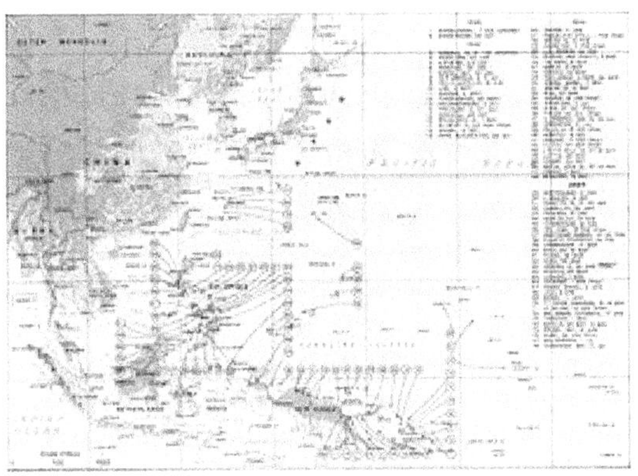

Même des années avant le début de la Seconde Guerre mondiale en Asie, il y avait des signes d'agitation croissante :

- Les États-Unis et les puissances européennes (Grande-Bretagne, France et Pays-Bas) ont colonisé de nombreuses îles et pays d'Asie, acquérant ainsi la domination sur une grande partie de la population asiatique.

- Le Japon commence à devenir de plus en plus fort : grâce à ses plans économiques plus occidentaux, l'industrie japonaise, ainsi que son armée, se développent à la vitesse de l'éclair.
- L'agitation grandissante en Chine a permis au Japon d'y gagner facilement une grande influence.

Le Japon est devenu un pays hautement industrialisé depuis son ouverture au monde au XIXe siècle, dirigé par l'armée et un empereur considéré comme une divinité.

Cependant, le pays était confronté à un problème majeur : il avait un important excédent de population et peu de matières premières pour son industrie. Par conséquent, les Japonais se sont de plus en plus tournés vers l'impérialisme, la conquête de nouveaux territoires pour le Japon en Asie.

Pourtant, au fil des ans, l'attitude des Japonais a changé : au début, ils ne voulaient que de petites expansions pour sauver leur territoire de la surpopulation, mais plus tard, ils ont voulu beaucoup plus : un empire à eux en Asie. Ils voulaient chasser les oppresseurs (les puissances coloniales) d'Asie et établir leur propre autorité à leur place, et ils voulaient également contrôler la Chine.

Les premières mesures ont été prises dès le XIXe siècle, lorsque l'armée japonaise a occupé les îles situées au sud du continent proprement dit, dont Okinawa. Lors de la première guerre sino-japonaise (1894-1895), Formose (Taïwan) et la Corée ont été arrachées à la Chine et annexées au Japon, et lors de la guerre russo-japonaise (1904-1905), les Russes ont perdu leur base navale de Port Arthur au profit des Japonais, qui ont ainsi pris le contrôle de la mer Jaune. Au cours de la Première Guerre mondiale, les Japonais ont capturé une grande partie de l'empire colonial allemand en Asie, notamment les îles Mariannes, les îles Marshall et les îles Gilberts. Au traité de Versailles, le Japon a obtenu toutes les îles conquises au nord de l'équateur.

Au cours de la période qui a suivi la Première Guerre mondiale, les États-Unis, les Pays-Bas, la France, la Grande-Bretagne, l'Australie et la Nouvelle-Zélande ont tenté conjointement de contrer l'influence et l'expansion croissantes du Japon. Le Japon, qui, dans les années 1930, subit l'influence toujours plus forte de militaires ultranationalistes et expansionnistes, s'oriente de plus en plus vers les puissances de l'Axe en conséquence.

Table des matières

Guerre sino-japonaise

La Mandchourie était un État indépendant séparé de la
Chine depuis la première guerre sino-japonaise, servant
d'État tampon entre le Japon et la Chine. Le 18 septembre
1931, une ligne de chemin de fer appartenant à une partie
du gouvernement japonais est dynamitée au nord de la
ville de Shenyang. Le Japon blâme les nationalistes
chinois, envahit la Mandchourie et y établit un État vassal
japonais, le Mandchoukwo, en 1932. L'ex-empereur
chinois Xuantong (Pu Yi) est nommé chef de l'État, mais il
n'a que peu de pouvoir ; les Japonais règnent en maître.

Le Japon a ensuite envahi la Chine elle-même en 1937.
Les troupes japonaises occupent la province de Jehol, au
sud de la Mandchourie. La Chine ne voulait pas céder
encore plus de territoires au Japon, et le Japon ne voulait
que conquérir davantage de territoires chinois. Jehol est
annexé au Mandchoukwo en tant qu'unité administrative,
et bientôt Shanghai et Pékin tombent également aux
mains des Japonais. Les Japonais ont conquis une grande
partie de la Chine orientale. La prise de la capitale
chinoise Nankin est suivie du massacre de Nankin, au

cours duquel des centaines de milliers d'habitants sont assassinés.

Cette invasion amène les États-Unis, ainsi que les Indes orientales néerlandaises, à instaurer un boycott pétrolier contre le Japon, qu'ils considèrent comme un agresseur. Cette situation place le Japon dans une situation économiquement difficile : sans les approvisionnements en pétrole provenant annuellement des États-Unis et des Indes orientales néerlandaises, le Japon n'aurait du pétrole que pour 18 mois, et une fois cette période écoulée, le Japon serait complètement paralysé. Les Américains ont également imposé des boycotts commerciaux sur la ferraille, l'acier et le carburant pour avion. Ces restrictions ont coupé le Japon des matières premières dont il avait besoin. L'empereur japonais Hirohito veut donc chasser les Alliés du Pacifique par une puissante offensive et mettre en place un grand empire nippo-asiatique.

En 1938, un conflit frontalier a éclaté au sujet du Mandchoukwo entre le Japon et l'Union soviétique, les principales batailles étant la bataille du lac Chasan (1938) et la bataille de Halhin Gol, toutes deux remportées par l'Union soviétique. Ce conflit s'est terminé par un traité de non-agression en 1941 et la réticence du Japon à garder plus longtemps l'œil sur la Sibérie et l'Oural, ce qui a permis à Joseph Staline de mobiliser toutes ses armées sibériennes contre l'invasion allemande qui a suivi.

Sphère d'influence japonaise avant la guerre

Au début de la Seconde Guerre mondiale en 1939, le Japon contrôlait déjà un vaste territoire, beaucoup plus grand que le Japon actuel. Le Japon proprement dit est alors inclus :

- Le Japon lui-même
- les Kouriles
- la moitié sud de l'île de Sakhaline
- Okinawa
- Iwo Jima
- Taiwan (Formose)
- Corée.

Il y avait aussi les zones sous mandat qu'elle avait acquises après la Première Guerre mondiale (la zone sous mandat du Pacifique Sud) :

- les îles Marshall.
- Les îles Mariannes (à l'exception de Guam, qui était américaine)
- les îles Gilberts

- Micronésie
- les îles Palau

Il y avait aussi les territoires occupés en Chine, comme Manchuwko et Nankin, où un État vassal chinois appelé Chine japonaise a été fondé.

En Asie du Sud-Est, après la chute de la France en Europe, l'Indochine française (les États actuels du Viêt Nam, du Laos et du Cambodge) avait été cédée au Japon, qui avait en même temps obtenu l'occupation de la Thaïlande de son côté.Les Japonais voulaient établir un grand empire asiatique. Cela inclut les zones suivantes qui ne sont pas encore aux mains des Japonais :

- Indes orientales néerlandaises
- Les colonies britanniques de Bornéo
- Malacca
- Birmanie
- Inde britannique (Inde, Bangladesh et Pakistan actuels)
- Chine
- Mongolie

12

- Tout le territoire de l'Union soviétique à l'est du lac Bakou.
- Possessions américaines dans le Pacifique : Philippines, Wake, Guam, Midway et Hawaï.
- Australie
- Nouvelle-Zélande
- Les possessions françaises libres

Attaque de Pearl Harbor

Le 27 septembre 1940, le Japon signe le Pacte des Trois Puissances avec les puissances de l'Axe, l'Allemagne et l'Italie. Dans ce document, les pays se promettaient mutuellement un soutien militaire en cas d'attaque de l'un d'entre eux.

Pour éliminer la puissante marine de leur principal adversaire, les Américains, l'objectif principal des Japonais était d'attaquer la base navale américaine Pearl Harbor à Hawaï. Ici, l'ensemble de la flotte américaine était ancrée dans l'océan Pacifique, proche les unes des autres et donc une cible idéale.

Le Japon envoie ses sept porte-avions ainsi que deux escadrons de la flotte à Pearl Harbor, via le nord-ouest.

Sans déclaration de guerre officielle, l'attaque surprise a lieu le 7 décembre 1941. Au cours de celle-ci, plus de 200 avions américains ont été détruits, de nombreux croiseurs coulés ou gravement endommagés et plus de 2 400 Américains tués, contre une perte de 29 avions et cinq sous-marins du côté japonais. Cependant, la plupart des navires américains n'ont pas été coulés mais ont seulement subi de graves dommages, et beaucoup ont

15

repris la mer normalement plusieurs mois plus tard et ont
même participé à la bataille de Midway.

En réponse à cette attaque, les Américains effectuent un
bombardement direct sur Tokyo, le *raid Doolittle*. Cette
attaque n'a pas causé beaucoup de dégâts majeurs mais a
été un point lumineux qui a pu remonter un peu le moral
des Alliés après les nombreuses pertes.

Le port

Situé à plus de 3 600 km de San Francisco, Pearl Harbor
était très apprécié des marins américains. Si l'ennemi
coulait un navire dans l'entrée du port, la base était

16

inutilisable. Pour atteindre la haute mer, la flotte a eu besoin de trois heures. Une fois que la flotte était là, avec toutes les fournitures et les magasins, elle formait une cible attrayante. Cependant, la mobilisation complète de la flotte et sa sortie coûteraient des millions de dollars, et

aucun commandant ne voulait prendre le risque de donner un tel ordre pour rien .

L'amiral James Richardson, commandant de la base en mai 1940, estime que les navires ont leur place dans des ports sûrs de la côte ouest. Lorsqu'il fait part de ses objections au président Franklin D. Roosevelt, il est relevé de ses fonctions et remplacé par l'amiral Husband Kimmel.

Chronologie jusqu'au 7 décembre 1941
17

Dès le 16 octobre 1941, les médias américains sont conscients de l'imminence de la situation. Ils ont donc accordé une certaine attention à cette menace dans leurs articles. Cependant, le peuple américain se sentait pleinement protégé par son armée et ne prêtait guère attention aux articles. Henry Stimson, qui était alors secrétaire à la défense des États-Unis, était bien conscient de la menace, car en réponse aux articles de presse, il a déclaré : "Il est temps d'*attendre que le Japon fasse le premier pas, après quoi nous pourrons l'attaquer directement.*

Le Japon et l'Amérique étaient toujours en négociations l'un avec l'autre, mais celles-ci ne voulaient pas se dérouler sans heurts. Le 5 novembre, six messages ont été interceptés disant que les négociations avec l'Amérique devraient être terminées pour le 25 novembre.

Le chef de l'opération de guerre japonaise, Yamamoto, voulait prendre le contrôle de toute la région du Pacifique Sud. Il a donc élaboré une stratégie visant à attaquer simultanément Pearl Harbor, les Philippines et tous les autres lieux non japonais de cette région. Il a présenté son plan à cet effet le 7 novembre et l'a appelé Plan Z.

Plan "Z"

Personne dans la marine japonaise ne connaissait mieux Pearl Harbor que Yamamoto. Dans sa cabine sur son vaisseau amiral, Nagato avait accroché une carte de la base sur laquelle il avait pris toutes sortes de notes. Comme tout se déroulait avec une régularité fixe à la base, il pouvait savoir quand y trouver la plus grande concentration de vaisseaux.

Les défenses aériennes sont inadéquates et il pense qu'une attaque aérienne a de grandes chances de réussir. Il s'est inspiré de l'amiral Heihachiro Togo et a nommé son plan d'après son signal Z pendant la bataille de Tsushima (1905).

Ce faisant, il sait que vingt-quatre avions britanniques ont coulé trois cuirassés lors d'une attaque contre la flotte italienne à Tarente le 11 novembre 1940, avec une perte de seulement trois avions.

Les Américains reconnaissent également l'importance de cette attaque, mais l'amiral Kimmel refuse d'installer des filets anti-torpilles car ils entraveraient la liberté de mouvement de ses navires.

19

Les tactiques japonaises

Yamamoto préfère avant tout mettre les cuirassés hors d'état de nuire car il pense que cela portera un coup dur aux Américains. Lorsqu'il a soumis son plan d'attaque de Pearl Harbor à l'aide d'avions qui décolleraient de porte-avions au capitaine Minoru Genda, un spécialiste des frappes aériennes, on lui a conseillé de viser les porte-avions américains car ils représentaient la plus grande menace pour la marine impériale japonaise.

Le Japon possède deux des plus grands porte-avions du monde : l'*Akagi* (36 500 tonnes) qui peut transporter 91 avions (plus grand que les *Lexington* et *Saratoga* américains) et le *Kaga* (38 200 tonnes). Avec les *Hiryu*, *Soryu*, *Zuikaku* et *Shokaku,* la marine impériale japonaise disposait de six porte-avions. Genda voulait utiliser les six appareils pour l'attaque (441 avions au total) ainsi qu'une force avancée de sous-marins. Les torpilles étaient préférées car elles étaient plus puissantes et plus précises que les bombes.

Bien que Yamamoto ait voulu commander lui-même l'attaque, il n'a pas pu le faire car il avait trop d'autres responsabilités. Le choix s'est porté sur le contre-amiral Chuichi Nagumo. Il n'était pas un expert en matière d'avions, mais a été nommé en raison de son ancienneté. Il est consterné en apprenant la responsabilité de sa tâche, mais se console en pensant que l'attaque pourrait ne pas avoir lieu. Après tout, le Japon n'était pas encore en guerre avec les États-Unis. De plus, le plan n'a pas encore été approuvé par le commandement suprême du Japon.

Des doutes sur le Plan Z

L'empereur Hirohito est tenu dans l'ignorance par ses ministres et généraux de leurs plans concrets pour éliminer la base américaine de Pearl Harbor. Le 5 septembre 1941, l'empereur accorde une audience au prince Konoe, au cours de laquelle il est horrifié d'apprendre que les préparatifs de guerre prennent le pas sur la diplomatie. À ce moment-là, il a immédiatement convoqué des officiers supérieurs, le général Sugiyama et l'amiral Nagano, pour clarifier la situation. Ils lui ont assuré qu'une solution diplomatique était toujours leur option préférée. Le lendemain, lors de la conférence impériale, la question est revenue sur le tapis. Lorsqu'on leur a demandé si les

21

préparatifs de guerre étaient préférables à la diplomatie, Sugiyama et Nagano se sont tus et ont laissé les autres parler.

Puis il s'est passé quelque chose qui n'arrive presque jamais. L'empereur, qui était censé présider la conférence et ne pas participer activement aux délibérations, se lève de sa chaise et prend la parole :

Nous regrettons profondément que le commandement suprême n'ait pas jugé bon de clarifier la question pour nous.

Ce faisant, il a cité une partie d'un poème :

Puisque nous sommes tous frères en ce monde, pourquoi les vagues et les vents sont-ils si agités ?

Après ce manquement très grossier au protocole, il y a eu un silence d'une minute pendant lequel la société a essayé d'accepter le débordement inattendu de leur empereur. Enfin, l'amiral Nagano prend la parole et assure Hirohito de leur loyauté envers l'empereur, qu'ils comprennent l'importance de la diplomatie et qu'ils sont profondément désolés d'avoir déplu à l'empereur par leur comportement. Ils ont alors clôturé la réunion dans une atmosphère très tendue, selon M. Konoe.

Yamamoto avait soumis son plan à Genda et plus tard à la Marine, mais il s'est heurté à une forte résistance de la part de cette dernière. Beaucoup ont pensé que le plan était trop audacieux. Yamamoto était convaincu qu'en cas de guerre, l'Amérique devait recevoir un coup dévastateur, permettant au Japon d'occuper les Philippines, Malacca et

23

les Indes orientales néerlandaises sans opposition avant que la marine américaine ne puisse se rétablir. Ses collègues supposent encore le pouvoir décisif des cuirassés, dont deux sont en préparation au Japon : le Yamato et le Musashi.

Chronologie jusqu'au 7 décembre 1941 (suite)

Malgré la décision de mettre quand même en œuvre le plan Z, le Japon négocie toujours avec l'Amérique pour essayer de ne pas éveiller les soupçons. En conséquence, le 10 novembre, une proposition de négociation est envoyée à Cordell Hull, alors secrétaire d'État américain. Cependant, les Américains ont ignoré cette proposition et une nouvelle proposition a donc été faite 10 jours plus tard par Saber Kurusu, le négociateur japonais. En outre, la date limite qui avait été prévue pour le 25 novembre a été reportée au 29 novembre.

En raison de la situation imminente, le secrétaire américain à la défense a de nouveau fait une déclaration frappante : *"La question est de savoir comment nous devrions les amener à tirer les premiers coups de feu, sans trop de danger et de dommages pour nous-mêmes. (La question* est de savoir comment nous devons les amener à tirer le premier coup, sans trop de danger et de dommages pour nous). Cela montre à nouveau que l'Amérique était bien consciente de la menace et qu'elle voulait aussi la guerre, sans être "coupable".

Les médias japonais ont écrit que le 25 novembre, l'ancienne date de fin, une importante flotte avait quitté le port japonais. Selon eux, il a navigué en partie vers les Philippines et en partie vers le détroit de Formose, au sud-est de la Chine. En réalité, la flotte n'est partie qu'un jour plus tard. Ce jour-là, Nagumo, le vice-amiral de la flotte japonaise, quitte la baie de Hitokappu (単冠湾, *Hitokappuwan*) à l'est d'Etorofu avec 6 porte-avions, 423 avions, 2 cuirassés, 28 sous-marins, 2 croiseurs et 11 destroyers. Il est clair que les porte-avions étaient relativement surreprésentés dans cette flotte, mais c'était logique, puisque l'intention était d'attaquer avec les porte-avions. Les autres vaisseaux étaient exclusivement chargés de protéger ces précieux navires de guerre. Dès le départ, il y a eu un strict silence radio entre les navires, afin que les Américains ne puissent pas simplement les remarquer et les suivre.

En réponse à la proposition de Kurusu, le 20 novembre, Hull présente une contre-proposition. Il y formule toutefois des exigences si élevées qu'il est clair à l'avance que le Japon ne s'y pliera pas. Encore une indication que l'Amérique essayait de déclencher une guerre sans faire le premier pas. Un jour après la proposition de Hull, le secrétaire américain à la guerre, Henry Stimson, envoie des messages à la flotte du Pacifique. Dans ces documents, il met en garde contre une éventuelle action hostile du Japon.

Le Japon a estimé qu'après l'échec des voies diplomatiques, il n'y avait pas d'autre alternative que la guerre. Malgré cela, ils ont continué à mener des négociations avec l'Amérique pour faire croire qu'ils avaient toujours l'intention de poursuivre la voie diplomatique.

Certaines personnes au sein du gouvernement américain souhaitent que de nouveaux avertissements de menace de guerre soient diffusés, mais les dirigeants de l'armée refusent, craignant de fausses alertes. Pourtant, à partir de ce moment-là, les indications silencieuses d'une attaque étaient de plus en plus fréquentes. Par exemple, le FBI a intercepté un message concernant une guerre imminente, mais l'a ignoré, car il ne voulait pas créer de panique au sein de la population.

En raison de menaces de guerre de plus en plus claires, la marine américaine a décidé qu'elle ne se laisserait pas attaquer sans être prête. Ils ont donc envoyé un porte-avions vers Midway, au nord-ouest d'Hawaï. Deux autres porte-avions ont été envoyés dans une autre zone. Tous ces mouvements de navires montrent à nouveau que l'Amérique est consciente de la menace que représente le Japon. Malgré ces mesures, ils n'étaient pas encore assez vigilants, comme on le verra plus tard. A ce moment-là, on était déjà le 5 décembre.

Le 6 décembre, un télégraphiste américain déchiffre des messages japonais interceptés plusieurs jours auparavant. Le décryptage lui a fait comprendre qu'il y avait à nouveau des signes de guerre, mais son chef ne voulait rien savoir. Au contraire, il a exigé que le télégraphiste mette fin à ce message. Au lieu de se préparer à une guerre imminente, on envisage maintenant de soutenir l'Angleterre si elle était attaquée par l'Allemagne.

27

Le 6 décembre, Hirohito, alors empereur du Japon, reçoit un message de la flotte japonaise du Pacifique. Ce message a reçu une réponse rapide. Le 7 décembre, à 10 h 32 et 12 secondes, heure locale, Franklin D. Roosevelt a lu que **le** Japon **ne** déclarait **pas** la guerre à l'Amérique, mais qu'il était arrivé à la conclusion que la poursuite des négociations avec l'Amérique n'avait plus de sens.

7 décembre

Une heure après ce message, le président a lu un message (intercepté) indiquant qu'une déclaration de guerre officielle devait être remise à l'Amérique à 13 heures. Cependant, il ne donne pas de détails sur le lieu et le moment d'une attaque des forces japonaises. En réponse, Marshall a ordonné à la flotte du Pacifique d'être en état d'alerte supplémentaire.

Au même moment, ils ont remarqué qu'un mystérieux
sous-marin japonais tentait d'entrer dans Pearl Harbor.

Certains pensaient que ce sous-marin était "perdu", mais
une explication plus logique semble être qu'il recherchait
les faiblesses de la flotte américaine et, plus encore, qu'il
cherchait à savoir si elle était préparée à la guerre. Quoi
qu'il en soit, vers 12 heures, ce sous-marin a été abattu
par un destroyer et coulé.Les officiers de Pearl Harbor
n'avaient pas vraiment peur de cet étrange sous-marin. Ils
ont signalé l'incident au quartier général très tard.

A 12h02, la première vague d'attaque des avions japonais
est repérée par une station radar américaine. Ce sont les
29

avions qui avaient décollé des porte-avions japonais à 11 heures. A 12h20, un autre radar a de nouveau remarqué cette vague d'avions, cette fois plus près du port.

Cependant, l'officier de service n'a pas tenu compte de cette image effrayante et n'a averti personne, probablement parce qu'un certain nombre de B-17 américains devaient arriver ce jour-là.Ce n'est qu'à 12h25 que Kimmel a été informé de l'incident précédent avec le sous-marin, mais aucune mesure n'a été prise. Tous les navires étaient ancrés dans le port, ce qui en faisait une cible extrêmement vulnérable pour les avions en approche.

À 12 h 49, les pilotes japonais reçoivent officiellement l'autorisation d'attaquer ; sur ce, la première vague d'attaque japonaise attaque effectivement Pearl Harbor par le nord-ouest à 12 h 55. La deuxième vague a suivi plus d'une heure plus tard, à 14 heures. Ils ont attaqué le port par le nord-est.

À 14h45, sur les 96 navires présents dans le port, 18 avaient été coulés ou gravement endommagés. En outre, 188 des 394 avions ont été détruits et 159 autres endommagés. Au total, 2402 soldats sont morts à la suite de cette attaque.

Il y a eu 1178 blessés. Le nombre élevé de morts est principalement dû au naufrage du cuirassé USS *Arizona*. En effet, 1177 personnes ont été tuées dans le naufrage de ce navire .

Déclaration de guerre de l'Allemagne nazie

Le fait que le Japon et l'Amérique soient désormais en guerre a incité Hitler à déclarer la guerre aux Américains le quatrième jour après l'attaque. Les États-Unis se retrouvent donc une fois de plus impliqués dans une

31

guerre européenne (la première fois, c'était la Première Guerre mondiale), qu'ils auraient préféré éviter.

Varia

La marine japonaise, comme l'amiral Harold Rainsford Stark, le seul Américain à avoir prévenu de cette possibilité, aurait été inspirée pour l'attaque par l'attaque surprise britannique d'un escadron d'avions Fairey Swordfish du porte-avions *HMS Illustrious* sur la flotte italienne lors de la bataille de Tarente les 11/12 novembre 1940. Stark a averti de la possibilité d'une telle attaque dans un mémo du 22 novembre 1940, qui sera toutefois ignoré par le reste de l'amirauté américaine.

La conquête de Hong Kong

Le jour même de l'attaque de Pearl Harbor, Hong Kong est attaquée sur la côte chinoise. Hong Kong était une colonie de la couronne britannique et un excellent port naval pour les attaques contre les positions japonaises autour de Formose et en Chine. L'occupation japonaise de Canton et de Hainan avait auparavant encerclé Hong Kong. À la fin de novembre 1941, 3 000 Canadiens se joignent à la garnison britannique de Hong Kong, qui compte alors environ 12 000 hommes.

La même heure que le début de l'attaque sur Pearl Harbor, les bombardiers en piqué japonais ont également attaqué

Hong Kong avec un bombardement surprise dévastateur. Après cela, il n'y a eu de l'eau potable que pendant un jour, et Hong Kong est devenue une proie facile pour l'armée japonaise. L'infanterie japonaise envahit la citadelle de Kowloon, le district continental. Le 18 décembre, les Britanniques ont dû céder ce district aux Japonais. Après seulement quelques heures, les Japonais ont traversé le canal et débarqué sur l'île de Hong Kong. La tête de pont est rapidement étendue et, au même moment, une cinquième colonne s'infiltre dans les lignes britanniques. Le jour de Noël, la garnison s'est rendue aux Japonais après une résistance opiniâtre.

Conquête des Philippines, de Malacca, de Singapour et de la Birmanie

Les Philippines, un territoire américain, ont été attaquées par les Japonais en décembre 1941. Une série d'attaques amphibies contraint l'archipel à se rendre. Manille est déclarée ville ouverte et des unités de l'armée japonaise entrent sans opposition dans la capitale philippine. 80 000 soldats américains ont réussi à se replier sur la place forte de Bataan et ont tenu bon. Le commandant américain Douglas MacArthur est évacué à Darwin en Australie le 11 mars 1942. Peu après, le 8 mai, le nouveau commandant, le général Jonathan Wainwright, se rend aux Japonais : 130 000 soldats alliés sont faits prisonniers de guerre et les Philippines font partie de l'empire japonais.

Bataille des Philippines

La **bataille des Philippines a** impliqué l'invasion des Philippines par le Japon en 1941-1942 et la défense des îles par les forces philippines et américaines. Bien qu'elle ait abouti à une victoire japonaise, les vainqueurs ont été retardés par l'incisivité des défenseurs dans d'autres régions, et ont contribué aux contre-attaques alliées dans le sud-ouest du Pacifique, à partir de la fin de 1942.

Elle est considérée comme la plus grande défaite militaire que les États-Unis aient jamais subie.

La défense

À partir de la mi-1941, après une tension croissante entre le Japon et certaines autres puissances, dont les États-
37

Unis, la Grande-Bretagne et les Pays-Bas, de nombreux pays d'Asie du Sud-Est ont commencé à se préparer à une éventuelle guerre.

En décembre 1941, les forces de défense combinées des Philippines appartenaient à l'armée philippine, commandée par le général Douglas MacArthur, qui avait pris sa retraite en tant que chef d'état-major américain en 1937 et avait accepté le commandement de l'armée philippine. La tâche de MacArthur, confiée par le gouvernement des Philippines, consiste principalement à réformer et à mettre en place une armée composée essentiellement de réservistes. L'armée manquait cruellement d'équipement, de formation et d'organisation, entre autres.

La garnison américaine, composée de 22 532 soldats, également connue sous le nom de division philippine, était commandée par le major général George Grunert. Elle se composait principalement de la division américaine des Philippines, qui était en partie composée d'un nombre assez important de Philippins, qui servaient d'éclaireurs.

La garnison est renforcée par 8 500 soldats de la réserve nationale continentale américaine, composée en partie des seules unités blindées, deux bataillons de chars.

L'*US Army Air Corps Far East Air Force* (FEAF), commandée par le Major Général Lewis H. Brereton, était la plus grande formation aérienne américaine en dehors des États-Unis, composée de 107 chasseurs P-40 et de 35 bombardiers B-17.

MacArthur organise les défenseurs en quatre unités différentes. La *force de Luzon Nord*, commandée par le major-général Jonathan M. Wainwright, défendait les sites d'attaque les plus logiques pour les assauts amphibies et les plaines centrales. Cette zone comprenait également la péninsule de Bataan, l'endroit approprié pour se replier en cas de besoin, qui était situé près de la baie de Manille.

Les forces de Waintwright se composaient des 11e, 21e et 31e divisions d'infanterie de l'armée philippine, de la 26e division de cavalerie américaine (une unité de reconnaissance), d'un bataillon de la 45e division d'infanterie (également une unité de reconnaissance), de deux batteries composées de canons de 144 mm et d'un canon de montagne. La 71e division d'infanterie philippine sert également de réserve et ne peut être déployée que sur ordre de MacArthur.

La *force du sud de Luzon*, sous les ordres du brigadier général George M. Parker Jr. devait surveiller la zone à l'est et au sud de Manille. La force de Parker se composait des 41e et 51e divisions d'infanterie de l'armée philippine et de deux batteries de la 86e division d'artillerie américaine (à l'origine également une unité de reconnaissance).

L'*unité* "Visayan-Mindanao", *commandée par le brigadier général William F. Sharp, était composée des 61e et 81e divisions d'infanterie de l'armée philippine et de la 101e division d'infanterie.*

Une unité de réserve, sous le commandement direct de MacArthur, était composée de la division philippine, de l'armée de *l'air d'Extrême-Orient* et d'unités de l'armée philippine et du quartier général de la division philippine, stationné au nord de Manille. Quatre régiments d'artillerie américains gardent l'entrée de Manille, y compris l'île de Corregidor.

40

Contestation des forces aériennes d'*Extrême-Orient*

Après le déclenchement de la guerre le 7 décembre 1941, Brereton encourage ses patrons à effectuer des raids de bombardement contre Formose, alors territoire japonais et où il serait tout à fait possible qu'une attaque japonaise y soit lancée, mais sa demande est rejetée.

Cela s'est avéré être une grosse erreur, car il y avait trop peu de canons anti-aériens aux Philippines, et la FEAF a été presque vaincue au sol, par des bombardements aériens au cours des jours suivants.

L'invasion

La 14e armée japonaise, commandée par le général Masahary Homma, commence son invasion en débarquant sur l'île de Batan (à ne pas confondre avec la péninsule de Bataan), au nord de Luzon, le 8 décembre 1941. Le même jour, la moitié de la force aérienne américaine sur Luzon est détruite par des frappes aériennes japonaises, en partie à cause de mauvaises communications du côté américain et en partie parce que les Japonais ont réussi à surprendre les Américains.

Les débarquements sur le continent suivent deux jours plus tard, le 10 décembre. Avec la destruction de l'armée de l'air américaine, les Japonais ont eu l'hégémonie dans les cieux dès le début.

Du 11 au 23 décembre, la majeure partie du territoire de Luzon tombe aux mains des Japonais, suivis par des débarquements sur la pointe sud de Luzon, à Legazpi, ainsi que dans le golfe de Lingayen et sur Mindanao.

La plupart des forces alliées se sont rendues après un certain temps, ou ont été dépassées par la supériorité japonaise. La division philippine américaine se positionne dans le paysage pour couvrir le retrait des troupes, en direction de Bataan. Cela a également été fait dans l'optique de contrer les avancées japonaises dans la région de Subic Bay. Le 23 décembre, MacArthur informe ses commandants sur le terrain qu'il réactive un plan d'avant-guerre. Cela signifie qu'il n'avait l'intention de défendre que Bataan et Corregidor, car les quartiers généraux militaires et le gouvernement philippin se dirigeaient vers Corregidor. Néanmoins, un grand nombre de forces de sont restées dans d'autres régions pendant quelques mois.

Bataille de Bataan

Le 30 décembre, la 31e division d'infanterie philippine a avancé jusqu'aux environs du col de Zigzag pour couvrir les flancs des forces en retraite du centre et du sud de Luzon. La division américaine Philippine organise ses positions près de Bataan. La 31e division avance ensuite vers une position défensive sur le côté ouest de la route Olongapo-Manilla, près du carrefour de Layac, au nord de la péninsule de Bataan, le 5 janvier 1942.

43

On a été forcé de rendre le carrefour le 6 janvier, mais la retraite vers Bataan a été plutôt réussie. La 31e division prend une position de réserve sur la péninsule pour récupérer des pertes des combats sur les flancs.

Du 7 au 14 janvier, les Japonais se concentrent sur la reconnaissance et les préparatifs d'une attaque contre la ligne de défense globale d'Abucay. Les forces philippines et américaines ont réussi à résister aux attaques nocturnes près d'Abucay, du 10 au 12 janvier, et le 16 janvier, des unités de la division philippine américaine ont contre-attaqué. Cependant, cela s'est avéré infructueux et la division a été contrainte de se replier sur une position de réserve dans la région de Cas Pilar-Bagec le 26 janvier.

Les Japonais, conscients des lourdes pertes, entreprennent des patrouilles et des attaques locales limitées dans les semaines qui suivent. La position des Alliés devant sans cesse être repliée, le président américain Franklin Delano Roosevelt ordonne à MacArthur de quitter Corregidor pour l'Australie, en tant que commandant suprême du Pacifique Sud-Ouest. (Le célèbre discours de MacArthur sur les Philippines, dans lequel il a déclaré "Je suis venu du Bataan et je reviendrai", a été prononcé à Terowie, en Australie-Méridionale, le 20 mars).

Wainwright se voit confier le commandement des forces alliées aux Philippines le 12 mars. Pendant cette période, des unités de la division philippine américaine ont fait la navette pour défendre d'autres secteurs également.

Les forces alliées, désormais affaiblies par une mauvaise alimentation, la maladie et une trop longue exposition au combat, doivent faire face à une nouvelle vague d'attaques des Japonais à partir du 28 mars.

Le 3 avril, les Japonais ont percé des brèches dans les lignes alliées le long du Mont Samat. La division philippine américaine, qui n'opérait plus en tant qu'unité coordonnée, était incapable de monter une contre-attaque contre les attaques féroces de l'ennemi. Le 8 avril, la 57e division d'infanterie américaine et la 31e division philippine sont débordées à la rivière Alangan. La 45e division d'infanterie américaine s'est finalement rendue le 10 avril 1942.

Corregidor est désormais défendu par 11 000 soldats, dont le 4e régiment de Marines, d'autres unités d'infanterie, des unités d'artillerie américaines et des hommes de la marine américaine déployés comme infanterie.

Les Japonais ont commencé leur assaut sur Corregidor par un bombardement d'artillerie le 1er mai. Dans la nuit du 5 au 6 mai, deux bataillons du 61e régiment d'infanterie japonais débarquent au nord-est de l'île.

Malgré une forte défense, les Japonais parviennent à former une tête de pont qui est bientôt renforcée par des chars et de l'artillerie. Les défenseurs sont rapidement repoussés vers la position défensive de Malinta Hill.

En fin d'après-midi du 6 mai, Wainwright demande à Homma les termes de la reddition. Homma insiste sur le fait que la reddition doit signifier la reddition de toutes les forces alliées aux Philippines. Comme Wainwright pensait que toutes les vies de ceux qui se trouvaient à Corregidor seraient en danger, il a accepté les conditions. Le 8 mai, il a envoyé un message à Sharp. Il lui a ordonné de rendre l'unité Visayan Mindanao. Sharp a accepté mais de nombreux individus ont continué la lutte sous forme de guérilla.

La capitulation marque le début de trois ans et demi d'oppression des survivants alliés. Cette oppression comprend également la marche de la mort de Bataan et les conditions de vie extrêmement dures des camps de concentration japonais.

Les forces alliées ont commencé la campagne pour reprendre les Philippines en 1944. Cela a commencé par des débarquements sur l'île de Leyte.

Importance

La défense des Philippines a constitué la plus longue résistance à l'armée impériale japonaise au début de la Seconde Guerre mondiale. Après l'attaque d'Abucay, les Japonais se limitent à des opérations de siège en

47

attendant des renforts et ne reprennent pas leur attaque
avant avril, ce qui donne à MacArthur 40 jours pour
préparer l'Australie comme base opérationnelle. La
résistance initiale aux Philippines donne à l'Australie un
temps crucial pour organiser sa défense. La résistance des
Philippins-Américains aux Japonais jusqu'à la chute de
Bataan le 9 avril 1942 a duré plus de trois mois.

Dans les colonies britanniques de Malacca et de
Singapour, les défenses britanniques sont largement
basées sur l'attaque par la mer. Le 8 décembre 1941, les
Japonais débarquent sur la côte est de la péninsule de
Malacca (colonie britannique, qui fait maintenant partie de
la Malaisie). Les Japonais débarquent aussi près que
possible de l'important aérodrome de Kota Bharu. Une
division blindée japonaise se déplace rapidement vers
l'ouest, dans l'espoir de couper la 11e division britannique.
Cependant, ces derniers ont réussi à se retirer à temps,
laissant le port de Penang sans protection.

Préparation

La ville portuaire de Singapour était le principal port naval britannique dans le Pacifique.les ports en eau profonde offraient un excellent accès aux navires de guerre lourds.les vastes installations portuaires permettaient des réparations qui n'étaient autrement disponibles qu'aux États-Unis et en Grande-Bretagne.

L'île était fortement défendue contre un débarquement par la mer. Elle était considérée comme le "Gibraltar de l'Est".

Ces installations et leurs défenses étaient bien connues au Japon et les planificateurs japonais envisageaient un débarquement à Malacca. En effet, toutes les défenses avaient été construites contre un débarquement par la mer, et non contre une attaque par Malacca, infestée de paludisme.

La péninsule elle-même était également d'une grande valeur, produisant 43% de la production mondiale d'étain. Malacca était également une source importante de caoutchouc. Les plantations de caoutchouc étaient d'une grande valeur pour les deux parties ; Malacca produisait plus de 30 % du caoutchouc mondial. Les plantations d'hévéas étaient considérées comme si importantes que l'armée britannique n'était pas autorisée à s'y exercer, ou seulement de manière minimale.

Dans les années qui précèdent la Seconde Guerre mondiale, les Britanniques élaborent plusieurs stratégies de défense. L'une d'entre elles était une réponse au cas où le Japon attaquerait via Malacca : l'opération Matador. Le plan prévoit également une augmentation des ressources, notamment plus de 670 avions, nécessaires pour repousser une attaque japonaise majeure. Le gouvernement britannique a réduit ce nombre à 350, et une série de terrains d'aviation à Malacca ont été construits pour ces avions. Churchill, cependant, donne d'abord la priorité à la bataille d'Angleterre, puis à l'aide à l'Union soviétique et au combat au Moyen-Orient.

L'opération Matador prévoyait également une incursion défensive dans le sud de la Thaïlande pour empêcher un débarquement japonais dans cette région. Cette tâche est confiée à la 11e division indienne du troisième corps d'armée indien, déjà chargée de défendre le nord de Malacca. La manière dont cette division devait accomplir deux tâches simultanément restait peu claire dans le plan.

Le commandant britannique a coordonné ses plans de défense avec les défenseurs néerlandais dans les Indes orientales néerlandaises.

L'aviation militaire de l'armée royale néerlandaise des Indes orientales (ML-KNIL) disposait d'environ 450 avions, répartis en différents groupes d'avions. Au total, le gouvernement néerlandais avait commandé 144 Brewsters de types 339C et 339D. Au début de la guerre, cependant, seuls 71 avaient été livrés, dont seulement une cinquantaine étaient prêts à être utilisés.

Le 25 décembre 1941, les 9 Brewster 339D du 2-VLG-V, ainsi que les 12 pilotes de la division, sont envoyés à

52

Kallang pour aider les Britanniques à défendre Singapour contre les Japonais. Ces chasseurs étaient équipés de porte-bombes et pouvaient donc également être utilisés comme bombardiers en piqué.

Au cours de plusieurs opérations à partir de Singapour, les Brewsters néerlandais ont mené plusieurs opérations, notamment en coulant un destroyer japonais et en abattant quatre avions japonais.

En défendant Singapour, un pilote de Brewster a perdu la vie. Le 18 janvier 1942, les appareils restants sont rappelés à Java pour faire face aux pénuries néerlandaises. Outre les chasseurs Brewster, certains bombardiers d'autres groupes d'avions du ML-KNIL ont également été utilisés pour défendre Singapour.

Malacca est défendue par le troisième corps d'armée indien. Elle a été renforcée par des unités venues d'Australie.

Les Britanniques renforcent la défense de l'île, mais on n'est pas trop assidu dans ce domaine. Selon les mots d'un sous-officier britannique :

"J'espère que nous ne serons pas trop forts à Malacca, car alors les Japonais n'oseront pas débarquer du tout."

L'atmosphère générale sur l'île était marquée par un sentiment de supériorité coloniale non troublé et non fondé.

Du côté japonais, tout n'était pas rose non plus. Les plans pour l'attaque de Malacca ont été confiés au général Yamashita. La relation entre lui et son supérieur Tojo était méfiante et hostile.

Le 2 novembre 1941, Yamashita reçoit le commandement de la 25e armée (第25軍 , *Dai-nijyūgo gun*) pour l'attaque de Malacca et de Singapour. Au même moment, Masaharu Homma se voit confier le commandement de la 14e armée pour l'attaque des Philippines, et Hitoshi Imamura celui de la 16e armée pour l'attaque des Indes orientales néerlandaises.

Yamashita a eu peu de temps pour se préparer. Néanmoins, il organise la couverture aérienne par la 3e flotte aérienne avec 459 avions et par 159 avions de la marine.

L'île de Hainan, à mi-chemin entre le Japon et Malacca, devait servir de base d'opérations. Il a renoncé à deux des cinq divisions proposées, concluant que la capacité d'offre pour celles-ci était insuffisante. La 25e armée sera composée de la 18e division du général Renya Mutaguchi, de la 5e division du général Takuro Matsui et d'une division de la Garde impériale du général Takuma Nishimura.

Les officiers ne se connaissaient pas ; le travail de Yamashita consistait à les forger en une unité. Cependant, la coopération avec Nishimura s'avérera problématique tout au long de la campagne. Le général Hisaichi Terauchi, commandant de l'armée du Sud, avait dans son état-major un colonel qui avait étudié la guerre de jungle à Hainan. Yamashita en a largement profité, mais il savait aussi que Terauchi utilisait ce colonel comme espion.

Plusieurs milliers de Japonais vivaient à Singapour, et Yamashita disposait donc de renseignements assez fiables. Il a donc rapidement conclu qu'il devait traverser non pas 30 ponts, mais 500 ponts sur son chemin du nord au sud.

Le 4 décembre 1941, la 25e armée embarque.La coordination est très importante, car le débarquement à Malacca doit avoir lieu presque simultanément avec l'attaque sur Pearl Harbor malgré la longue distance et les différents fuseaux horaires.

Le 6 décembre 1941, un avion de reconnaissance australien observe la flotte japonaise composée de 25 navires de transport, accompagnés d'un croiseur lourd, de cinq croiseurs et de navires plus petits.L'amiral britannique Sir Thomas Phillips et l'amiral américain Thomas C. Hart concluent de ce parcours que la Thaïlande neutre ou Malacca est la cible.

Le Repulse a ensuite été rappelé de son voyage vers Darwin. Quatre destroyers américains ont été envoyés dans la zone d'opérations. Le 7 décembre 1941, la flotte japonaise est à nouveau aperçue.Les nouvelles reconnaissances effectuées par les avions britanniques échouent en raison du mauvais temps.Le maréchal de l'air

Sir Robert Brooke-Popham décide de ne pas procéder à une invasion défensive de la Thaïlande neutre.

Les batailles pour Malacca

Le 7 décembre 1941, deux divisions d'infanterie japonaises débarquent à Malacca. Débarquant à Kota Bahru, les Japonais perdent entre 300 et 800 hommes en raison de la résistance acharnée du bataillon indien Dogra et des raids aériens britanniques.

Dans la suite des combats, les unités britanniques se révèlent pratiquement impuissantes face à l'armée japonaise.

Une mauvaise coordination du côté britannique a conduit à une attaque japonaise réussie sur l'aéroport de Singapour le 9 décembre 1941, au cours de laquelle la RAF a perdu presque tous ses avions de chasse basés à Singapour.

Les 11 et 12 décembre 1941, les troupes britanniques subissent une défaite humiliante lors de la bataille de Jitra, et ce malgré l'absence pratique d'artillerie du côté japonais.

Un raid effectué le 8 décembre 1941 par les cuirassés britanniques *Prince of Wales* et *Repulse dans le* but d'intercepter une flotte d'invasion japonaise a conduit à leur naufrage le 10 décembre 1941 lors d'une attaque de l'aviation japonaise.

La défense britannique s'est simplement précipitée à Singapour après la bataille de Jitra. Toutes les positions défensives sont rapidement contournées ou percées par les unités japonaises bien entraînées. Le bon entraînement des troupes japonaises dans la jungle s'est révélé d'une grande utilité. En gagnant du terrain, les troupes japonaises ont également pris le contrôle des aérodromes nouvellement construits, affirmant ainsi leur supériorité aérienne.

Le 11 janvier 1942, les Japonais prennent la capitale malaise, Kuala Lumpur. Pendant ce temps, Yamashita avait des problèmes d'approvisionnement considérables, mais la prise de cette ville a permis de résoudre ce problème de plusieurs manières.

Les unités australiennes parvinrent par deux fois à piéger
l'avant-garde japonaise, mais furent ensuite
impitoyablement chassées vers le sud.

Les batailles pour Singapour

Le 31 janvier 1942, les dernières troupes britanniques se
retirent démoralisées de Malacca sur un barrage en pierre
reliant l'île de Singapour au continent.

Le commandant des forces australiennes résume ainsi la
défaite des Alliés :

> "Toute l'opération semble incroyable : 550 miles
> repoussés en 55 jours par une petite armée
> japonaise de deux divisions, se déplaçant sur des
> vélos volés et sans soutien d'artillerie."

Percival a réparti ses hommes sur toute la côte de l'île,
longue de 70 km, ce qui a eu pour effet d'affaiblir les
défenses.

Le 8 février 1942, les troupes japonaises franchissent
l'étroit détroit qui sépare Singapour de Malacca (détroit de
Johore).2 jours plus tard déjà, le 10 février 1942, les

Britanniques sont contraints de se retirer de la partie nord de l'île sur une deuxième ligne défensive.Le lendemain, le 11 février 1942, les Japonais commandés par Tomoyuki Yamashita sont déjà aux abords.

Le 13 février 1942, sachant que ses approvisionnements étaient sérieusement compromis, Yamashita demanda au commandant britannique, le lieutenant général Arthur Percival, de "cesser cette résistance futile et désespérée".

Le lendemain, les Alliés parviennent à tenir leur position dans une petite zone du côté sud de l'île, mais le 14 février 1942, ils perdent à nouveau du terrain.Ses principaux conseillers conseillent à Percival de se rendre, également pour minimiser les pertes civiles.Percival ne reçoit pas la permission de se rendre de Winston Churchill.

Le jour suivant, les alliés se battent, les pertes civiles augmentent.Un million de civils sont concentrés dans la petite zone où les alliés résistent malgré les tirs d'artillerie et les bombardements.L'approvisionnement en eau est menacé. Les troupes japonaises ont tué deux cents patients et membres du personnel de l'"Alexandra Barracks Hospital" alors que l'armée britannique avait

61

installé des nids de mitrailleuses aux premier et deuxième étages.

Le matin du 15 février 1942, les troupes japonaises ont percé les dernières défenses britanniques dans le nord.Les Alliés manquent désormais aussi cruellement de nourriture et de certains types de munitions.Après avoir rencontré ses subordonnés, Percival contacte les Japonais et peu après 17 h 15, heure locale, il signe la reddition.

Environ 130 000 soldats indiens, australiens et britanniques sont faits prisonniers de guerre : c'est la plus grande reddition de soldats britanniques de l'histoire.

Impact

La forteresse de Singapour avait été le maillon de liaison du commandement américano-britannique, néerlandais et australien (ABDACOM).Avec la chute de Singapour, des problèmes de coordination sont apparus dans ce commandement.En quelques semaines, les Indes orientales néerlandaises sont tombées. Les ressources pétrolières stratégiques des Indes orientales néerlandaises restent ainsi aux mains des Japonais.

La zone de commandement alliée était géographiquement divisée en deux parties, dans l'océan Indien et dans le Pacifique. Les Américains prennent en charge la zone du Pacifique et de l'Australie, le South West Pacific Area Command ; les Britanniques prennent le relais dans les zones bordant l'océan Indien, le South East Asia Command.

Ils ont rebaptisé Singapour occupée par les Japonais *Syonan-to* (昭南島 *Shōnan-tō*), "Lumière de l'île du Sud".

Yamashita a acquis le surnom de "Tigre de Malacca". Il a été transféré à un poste à la frontière sino-russe, où il n'a pas été tué au combat. Le 23 février 1946, les Américains le condamnent à la corde pour les crimes de guerre de ses hommes aux Philippines.

Aujourd'hui encore, les sources anglo-saxonnes attribuent souvent l'avancée rapide du Japon à travers Malacca et Singapour à la supériorité aérienne japonaise et à la supériorité des chars japonais.Toutefois, cette défense s'avère être une excuse faible à l'analyse. Les forces japonaises, du moins au début, ne disposaient ni de chars ni d'artillerie. Les Britanniques disposaient au départ de terrains d'aviation, d'avions, de deux navires de guerre et d'un approvisionnement suffisant. Les Japonais opéraient à 800 km de leur base la plus proche.

Par la vitesse à laquelle Yamashita a réussi à avancer, il a privé les Britanniques de l'opportunité de prendre de bonnes positions et de les renforcer suffisamment. Il est parvenu à minimiser ses faiblesses et a pleinement profité des faiblesses britanniques.

La bataille est considérée comme l'une des plus grandes défaites des forces britanniques dans l'histoire.

Après la prise de Penang par les Japonais, l'avancée vers Singapour commence. Appelé "le port naval le plus puissant de l'Est" par Churchill, aucun Britannique ne s'attendait à ce que le port tombe aux mains des Japonais. La défense de Singapour visait principalement un débarquement par la mer, et non une attaque par Malacca, et c'est exactement ce que les Japonais ont fait : Au cours de leur avancée, les transports amphibies ne cessent de pénétrer derrière les lignes britanniques, les obligeant à battre en retraite. Depuis Kota Bharu, une deuxième unité japonaise avançait simultanément vers le sud le long de la voie ferrée intérieure. Le 29 décembre 1941, les Japonais se rallient à Johoro depuis trois directions différentes.

Auparavant, le 10 décembre 1941, les cuirassés britanniques modernes HMS Repulse et HMS Prince of Wales avaient déjà été coulés par l'aviation japonaise, réduisant considérablement les défenses maritimes de Singapour contre un débarquement.À Singapour, on pensait que la ville était bien défendue et qu'elle ne serait jamais attaquée. La ville dispose d'une force de défense de 85 000 hommes et d'une force aérienne de 141 avions obsolètes. Pourtant, le 8 décembre 1941, une attaque aérienne japonaise est lancée contre Singapour. Singapour résiste pendant plus de deux semaines alors que les Japonais traversent le détroit de Jehore, mais le 15 février 1942, Singapour capitule devant les Japonais, une lourde défaite pour les Britanniques.

En janvier 1942, les Japonais ont envahi la colonie britannique de Birmanie (Myanmar). Rangoon est tombé en mars. Grâce aux renforts des troupes thaïlandaises alliées et des troupes japonaises disponibles après la prise de Singapour, les Japonais ont pu prendre la majeure partie de la Birmanie en quelques mois. S'ensuit un retrait chaotique des défenseurs britanniques et chinois en Inde et en Chine. Les Japonais ont commencé à construire une voie ferrée entre Bangkok et Rangoon en 1943 pour approvisionner les troupes en vue d'une invasion de l'Inde. Ce *chemin de fer de la mort a été* la source d'inspiration du film *Le pont de la rivière Kwai.*

Conquête des Indes orientales néerlandaises

Les Indes orientales néerlandaises (Indonésie) étaient riches en pétrole et occupaient donc une place essentielle pour le Japon pendant la Seconde Guerre mondiale. Auparavant, des tentatives avaient été faites par le biais de consultations politiques pour faire entrer les Indes dans la sphère d'influence japonaise, mais les États-Unis s'y opposaient farouchement et menaçaient de toutes sortes de sanctions.

Les Indes orientales néerlandaises ne sont pas dans le meilleur état de défense possible en raison de l'invasion allemande des Pays-Bas et de la marge de manœuvre limitée du gouvernement à Londres. En outre, une grande partie de la marine et de l'armée de l'air était sous contrôle britannique ou australien dans des endroits comme Singapour, car ces endroits étaient considérés comme plus importants sur le plan stratégique que les Indes orientales néerlandaises. Au total, la défense de l'Indonésie (Indes orientales) se composait de 30 000 hommes de l'armée royale des Indes néerlandaises (KNIL), de soldats de la police indigène de la "Landstorm", de 79 bombardiers (et plus tard de dix bombardiers australiens) et de la Royal Navy, dont le croiseur léger Tromp.

Les attaques japonaises contre les Indes orientales néerlandaises commencent le 10 janvier 1942 lorsque les troupes japonaises effectuent un débarquement autour de Tarakan, à Bornéo. Les Japonais débarquent sur la côte est de l'île, qui n'est que faiblement occupée par les troupes néerlandaises. Dans le même temps, les Japonais effectuent des débarquements sur Célèbes, près de la ville de Manado, importante en raison de sa baie abritée et de sa base d'hydravions. Le 11 janvier 1942, les Japonais effectuent ici leur plus grand débarquement et prennent Manado.

Invasion de Sumatra en 1942

À la suite de l'attaque japonaise sur Pearl Harbor, les Pays-Bas avaient déclaré la guerre au Japon le jour suivant. Les Indes orientales néerlandaises étaient une cible attrayante pour le Japon en raison de la présence de matières premières. La guerre a commencé avec le débarquement japonais à Bornéo le 17 décembre 1941. Cependant, il était clair que d'autres îles suivraient bientôt.

Dès le début de 1942, les préparatifs de défense commencent. À Aceh et sur la côte est (nord de Sumatra), le commandement territorial était entre les mains du colonel Vic Gosenson depuis 1936. Début février, le major-général Roelof Overakker est transféré de l'est de Java au centre de Sumatra et y assume le commandement militaire. Dans le sud de Sumatra, le lieutenant-colonel L.N.W. Vogelsang était responsable.

Les défenses de Sumatra - comme presque partout ailleurs dans l'archipel - étaient faiblement organisées. Il

69

était clair qu'ils avaient peu de chances contre l'armée japonaise. En raison des restrictions budgétaires, l'armée royale des Indes orientales néerlandaises (KNIL) disposait de peu d'armes modernes. Peu avant que la guerre n'éclate, des *fêtes* dites de *destruction ont été* organisées. Il s'agissait de civils indonésiens chargés de détruire d'importants ponts, routes, raffineries de pétrole et autres points d'appui avant qu'ils ne tombent aux mains des Japonais. Comme un grand nombre de vp ont été transférés à Java de manière anticipée, car des combats y avaient également éclaté, ils ne pouvaient pas faire grand-chose à Sumatra.

Bataille de Palembang

La bataille pour Sumatra a commencé avec la bataille de Palembang. Palembang était un endroit stratégiquement important en raison de la présence d'une raffinerie de pétrole. Les forces alliées y avaient centré leurs défenses aériennes autour de deux aérodromes. La Royal Australian Air Force a stationné 40 bombardiers Bristol Blenheim et 35 Lockheed Hudsons sur l'île. D'autres appareils des forces aériennes britanniques, australiennes et néo-zélandaises ont suivi par la suite. Le KNIL avait environ deux mille hommes stationnés autour des aérodromes.

Les premiers raids aériens japonais ont lieu le 6 février. Le matin du 13 février, le navire britannique *HMS Li Wo*, commandé par le lieutenant Thomas Wilkinson, rencontre le convoi d'invasion japonais. Malgré son armement léger, le navire a ouvert l'attaque et a fait feu sur l'un des navires de transport japonais, tandis que plusieurs autres ont été endommagés. Lorsqu'il n'a plus de munitions après 90 minutes, Wilkinson donne l'ordre d'éperonner le navire de transport le plus proche avant que son propre navire ne soit détruit par les tirs japonais.

Alors que les avions alliés attaquent la flotte d'invasion japonaise, le 13 février, l'aviation japonaise largue quelques centaines de parachutistes. Cent quatre-vingts Japonais ont débarqué entre Palembang et Pangkalan Benteng et plus de 90 à l'ouest de la raffinerie de pétrole de Pladju. Deux heures après le premier atterrissage, 60 autres parachutistes sont largués près de l'aérodrome. Ils n'ont pas réussi à prendre l'aérodrome, mais la raffinerie de pétrole est tombée entre leurs mains sans être endommagée. Une contre-attaque hâtive menée par des membres du Landstorm et des troupes anti-aériennes a été couronnée de succès, si bien que le complexe a été repris. La destruction planifiée de la raffinerie en cas d'attaque japonaise n'a guère évolué.

Depuis l'ABDACOM, la structure de commandement interallié, tous les avions alliés ont reçu l'ordre de se détourner vers Java, où une attaque japonaise majeure était attendue. D'autres militaires sont évacués via East Port vers Java ou les Indes orientales britanniques. Cela a marqué la chute de facto de Palembang.

Lutte dans le centre et le nord de Sumatra

Dans le centre de Sumatra, le major-général Overakker, qui dispose d'environ 2 500 à 3 000 soldats KNIL, estime avoir trop peu d'hommes pour défendre les côtes est et ouest de l'île. Il a donc décidé de concentrer ses troupes sur la côte ouest, puis de se retirer lentement vers Emmahaven et Pedang pour y défendre les ports. Gosenson, au nord de Sumatra, n'avait qu'un millier de soldats à sa disposition.

Des événements indépendants de la volonté des Hollandais à Sumatra ont déterminé leur destin. Au cours des différentes batailles navales, la plupart de la flotte alliée a été détruite. Sur Java, l'île principale de l'archipel, le KNIL est envahi par les Japonais. Le 9 mars, ils se rendent sous le commandement du lieutenant-général Hein ter Poorten. À Sumatra, le major-général Overakker et le colonel Gosenson avaient convenu à l'avance de poursuivre le combat en cas de capitulation. Le plan était de se retirer dans la vallée de l'Alas, une zone montagneuse accidentée près de Blangkedjeren, et de commencer une guérilla à partir de là.

Il est certain qu'à Aceh, y compris pendant la guerre d'Aceh, les Néerlandais s'étaient fait de nombreux ennemis. Le major japonais Fujiwari Iwaiwchi avait créé une organisation nationaliste à Malacca en décembre 1941, qui s'opposait désormais activement aux Hollandais. De plus, les troupes venant du sud devaient parcourir de longues distances. Par conséquent, peu de soldats de KNIL ont réussi à atteindre la vallée.

Les premiers Japonais, appartenant à la 25e armée, posent le pied sur le nord de Sumatra le 12 mars. Au total, ils comptaient environ dix mille hommes. Ils ont rapidement capturé de grandes parties de la côte nord-est et se sont ensuite déplacés vers l'intérieur des terres. Les forces japonaises pouvaient également compter sur un soutien aérien. Il est donc vite apparu à Gosenson et Overakker que leur mission n'avait aucune chance d'aboutir. Ils se rendent à Kutatjane le 28 mars, laissant Sumatra entièrement aux mains des Japonais.

Bataille de Bornéo

Bornéo était une cible attrayante. Elle était faiblement défendue et offrait de nombreuses possibilités d'extraction de pétrole. Le pétrole était crucial pour que le Japon puisse soutenir la guerre à long terme. En outre, la capture de Bornéo était nécessaire pour contrôler les principales routes maritimes vers des îles telles que Java, Sumatra et Célèbes.

Les forces alliées s'unissent sous une structure de commandement commune appelée ABDACOM (American-British-Dutch-Australian Command) en décembre 1941. Le maréchal de l'air Robert Brooke-Popham avait envoyé plusieurs unités de l'armée à Bornéo à la fin de 1940. Ceux-ci étaient principalement stationnés autour de Kuching. La force totale de l'armée était d'environ 1 050 hommes. Le gouvernement du Rajah Blanc avait envoyé environ 1 500 hommes supplémentaires organisés sous le nom de Sarawak Rangers.

Les forces néerlandaises s'étaient centrées sur l'aérodrome de Singkawang II, situé près de la frontière du Sarawak. Cet aérodrome était défendu par plus de 700 hommes. Le 25 novembre, cinq chasseurs Brewster F2A

75

et 10 bombardiers Martin B-10 arrivent. Le service aéronaval disposait d'une base à Pontianak, avec trois hydravions Dornier Do 24 et protégée par une garnison KNIL composée de près de 500 soldats et dirigée par le lieutenant colonel Dominicus Mars.

Lutte contre

La force principale de l'invasion japonaise, commandée par le major-général Kiyotake Kawachguchi, était formée par la 35e brigade d'infanterie. Elle a quitté la baie de Cam Ranh en Indochine française le 13 décembre et se composait de 10 navires de transport. Il était escorté par un croiseur, quatre torpilleurs et un sous-marin. Le groupe

76

de soutien était composé de deux croiseurs et de deux torpilleurs. Les premières cibles étaient Miri et Seria, deux villes situées sur la côte nord de Bornéo, avec de grands champs pétrolifères à proximité.

Immédiatement après l'attaque de Pearl Harbor, les Britanniques avaient déjà procédé à la destruction des installations minières ollie, juste à temps puisque les Japonais sont arrivés une semaine plus tard et ont pris les deux endroits avec peu de résistance. Une autre cible était Kuching et les aérodromes voisins. Cependant, le convoi qui l'accompagnait a été découvert et attaqué par les bombardiers hollandais Martin B-10, mais avec peu de dégâts. Les trois hydravions Dornier Do 24 qui ont suivi ont eu plus de succès, bien que l'un d'eux ait été abattu. Un autre hydravion a placé un coup direct, coulant le torpilleur *Shinonome*. Les deux hydravions restants attaquent encore les Japonais à Miri les 18 et 19 décembre, mais se replient ensuite sur Sumatra car les Japonais ont découvert l'aérodrome de Sinkawang II et passent immédiatement à l'attaque.

Un convoi japonais part de Miri le 22 décembre en direction de Kuching, mais il est détecté par un hydravion néerlandais. C'est à ce signal que le sous-marin néerlandais *Hr.Ms K XIV* s'infiltre dans le convoi dans la nuit du 23 décembre et coule deux navires de transport, tuant des centaines de Japonais. Cependant, le gros de la force est arrivé à Kuching et les Britanniques présents sur place ont été envahis et ont dû abandonner la ville. Les survivants du 15e régiment du Punjab se sont retirés à Sinkawang.

La nuit suivante, un autre sous-marin néerlandais, le *Hr.Ms K XVI,* réussit à couler le torpilleur japonais *Sagiri* à 50 kilomètres au nord de Kuching. Le 25 décembre, le K XVI est à son tour poursuivi au fond de la mer par un sous-marin japonais. Les 36 membres de l'équipage ont perdu la vie. Les 24 et 28 décembre, des bombardiers B-10 de Singapour ont bombardé les Japonais à Kuching. Le 26 décembre, les bombardiers alliés coulent un dragueur de mines et un cargo.

Entre-temps, le 31 décembre 1941, une force japonaise s'est déplacée plus au nord pour prendre également Brunei, Labuan et Jesselton (aujourd'hui connu sous le nom de Kota Kinabalu). Le 18 janvier 1942, les Japonais débarquent dans de petits bateaux de pêche près de Sandakan, le centre gouvernemental du nord de Bornéo. Bien que les Britanniques aient une force d'un peu moins de 650 hommes, ils n'opposent pratiquement aucune résistance et le gouverneur britannique Charles Robert Smith se rend.

Sinkawang était également tombé le 29 décembre, après quoi les troupes néerlandaises et britanniques restantes se sont retirées dans la jungle et se sont déplacées vers le sud, vers Sampit et Pangkalanbun. Le sud et le centre de Kalimantan, quant à eux, sont attaqués par le Japon depuis l'ouest et l'est. Le 29 janvier 1942, Pontianak,

79

dernière ville importante de Bornéo, tombe. Les dernières troupes alliées qui s'étaient repliées dans la jungle se sont rendues le 1er avril 1942.

Dans les jours qui suivent, les Japonais lancent des attaques contre des endroits des Indes orientales néerlandaises où l'on extrait du pétrole ou qui ont une importance stratégique, comme Balikpapan et Pemangkat (Bornéo) et Kendari (Célèbes).Le 29 janvier, une force conjointe australo-néerlandaise est vaincue à Ambon, mettant l'Australie à portée des avions japonais.De violents combats ont lieu autour de la ville de Palembang, dans le sud de Sumatra, où se trouvent non seulement du pétrole mais aussi deux raffineries.

Le Timor néerlandais est attaqué en même temps que le Timor portugais, tenu par les troupes australiennes, le 12 décembre 1942.

Les faibles défenses ne font pas le poids face aux Japonais supérieurement armés et le Timor capitule. Une tentative d'empêcher un débarquement japonais sur Java échoue et, le 28 février 1942, les troupes japonaises débarquent à Eretan Wetan, centre nerveux des Indes orientales néerlandaises. La bataille a duré plus d'une semaine, et la décision des Néerlandais de ne défendre que l'ouest de Java, plus important sur le plan stratégique et économique, a considérablement ralenti l'avancée des Japonais. Pourtant, le KNIL, enhardi, n'a pas pu empêcher Java de tomber également aux mains des conquérants.

À la fin du mois de février, les Japonais contrôlent la majeure partie du Timor néerlandais et la zone autour de Dili au nord-est. Cependant, ils ne pouvaient pas se déplacer au sud et à l'est de l'île sans craindre d'être attaqués. La 2/2e (compagnie indépendante) était cachée dans les montagnes du Timor portugais et commençait les attaques contre les Japonais, soutenue par des guides et des porteurs timorais avec des poneys de montagne timorais.

Bien que les fonctionnaires portugais restent officiellement neutres et responsables des affaires civiles, les colons et les Timorais portugais sont pour la plupart favorables aux Alliés, ce qui leur permet d'utiliser le système téléphonique local pour communiquer entre eux et recueillir des informations sur les mouvements japonais. Cependant, ils

ne pouvaient pas entrer en contact avec le monde
extérieur, faute d'équipement radio en état de marche.

L'offensive japonaise

En août, les forces japonaises avaient commencé à brûler des villages qui auraient pu fournir de l'aide aux Alliés. Le commandant de la 48e division japonaise, le lieutenant général Yuichi Tsuchihashi, est arrivé pour prendre en charge les opérations au Timor. Il déplace des troupes à l'est du Timor néerlandais pour attaquer les positions néerlandaises dans le centre-sud de l'île. L'offensive s'est terminée le 19 août, après avoir capturé la ville centrale de Maubisse et le port méridional de Beco.

Fin août, les choses se compliquent lorsqu'une rébellion contre les Portugais éclate au sein de la population indigène, déclenchant un conflit parallèle. Les Japonais recrutent également un grand nombre de civils timorais comme éclaireurs pour observer et transmettre les mouvements des Alliés.

En septembre, la majeure partie de la 48e division japonaise arrive pour prendre en charge la campagne. Les Australiens envoyèrent également des renforts le 23 septembre, sous la forme de la 2/4e Compagnie indépendante, forte de 450 hommes, connue sous le nom de Lancer Force. Le destroyer *HMAS Voyager* s'échoue dans le port sud de Betano pendant le débarquement du 2/4th.

En octobre, les Japonais avaient réussi à recruter un nombre important de civils timorais pour combattre, mais ceux-ci ont subi de graves pertes lors des attaques frontales contre les alliés. Les colons ont également subi des pressions pour aider les Japonais, et au moins 26 civils portugais ont été tués au cours des six premiers mois de l'occupation, dont des fonctionnaires locaux et un prêtre catholique. Le 1er novembre, le commandement suprême allié approuve la délivrance d'armes aux fonctionnaires portugais.

Les 11 et 12 décembre, le reste de la *force Sparrow* initiale, à l'exception de quelques officiers, est évacué avec un certain nombre de civils portugais, par le destroyer néerlandais *Hr.Ms. Tjerk Hiddes*.

À ce moment-là, les chances d'un Timor allié sont minces, car il y a maintenant 12 000 soldats japonais sur l'île et les commandos sont de plus en plus en contact avec l'ennemi.

Les Japonais débarquent également en Nouvelle-Guinée néerlandaise près de Hollandia et commencent à avancer vers la partie australienne. Le 23 janvier 1942, les Japonais occupent le port de Rabaul sans rencontrer une grande résistance. Ce port était l'un des meilleurs ports naturels du monde et un élément clé du contrôle de l'archipel de Bismarck. Elle a donc été rapidement prise aux forces alliées démoralisées.

En Nouvelle-Guinée même, la bataille devient de plus en plus féroce : les Japonais rencontrent une forte résistance pour la première fois dans leur guerre de conquête. Le 8 mars, les Japonais parviennent à occuper les villes de Lae et Salamaua sans trop de difficultés, prenant ainsi le contrôle de tout le nord de la Nouvelle-Guinée. Une route de ravitaillement, la piste Kokoda, un passage montagneux à travers la jungle sur les monts Owen Stanley, était la seule bouée de sauvetage des Alliés.

Au même moment, une force japonaise débarque sur les îles Salomon, à l'est de la Nouvelle-Guinée, et les troupes britanniques présentes sur place doivent capituler. C'est la fin de l'expansion japonaise : ils n'ont pas réussi à capturer

le sud de la Nouvelle-Guinée néerlandaise et les îles
défendues entre les îles Salomon et la Nouvelle-Guinée.

Le tournant de la guerre

Guam et Wake avaient une grande importance stratégique et militaire dans le Pacifique. L'Amérique y possède une base navale et aérienne, ce qui lui permet de couvrir une grande partie du Pacifique central avec des bombardiers, une menace sérieuse pour les positions japonaises avancées autour des îles Gilbert et Marshall.

Guam a été attaquée par des forces japonaises écrasantes, et après seulement deux jours, elle a dû abandonner sa résistance contre l'ennemi qui l'encerclait partout.Wake a réussi à résister au premier faible débarquement japonais, et les avions des îles Wake ont effectué quelques sorties supplémentaires au-dessus des îles Mariannes, mais ensuite sont arrivés sept torpilleurs qui ont lancé un bombardement après lequel une escadrille japonaise plus forte a débarqué.Cette fois, Wake a dû capituler devant l'ennemi plus puissant.

Après l'attaque réussie de Pearl Harbor, le Japon voulait prendre pied dans le Pacifique central. Une invasion d'Hawaï, malgré le succès du 7 décembre 1941, est exclue pour l'instant. Midway, presque à mi-chemin de la ligne

Tokyo-Hawaii, était une excellente alternative. Au début du mois de juin 1942, une énorme flotte japonaise s'élance pour capturer le petit archipel à la grande valeur stratégique. Au même moment, une flotte est partie capturer les Aléoutiennes. Cependant, les Américains avaient déchiffré le code secret des Japonais et étaient prêts avec des chasseurs et des bombardiers provenant de l'aérodrome de Midway et des trois porte-avions *Enterprise*, *Hornet* et *Yorktown*.

Le 5 juin 1942, la bataille de Midway a lieu. Les Américains ont complètement surpris les Japonais. Néanmoins, l'amiral américain Nimitz a eu besoin de beaucoup de chance pour repousser l'attaque japonaise. Les porte-avions japonais ont été attaqués alors que leurs ponts étaient remplis d'avions et de bombes entièrement ravitaillés. Six frappes ont suffi pour détruire deux porte-avions japonais. Plus tard dans la journée, les Américains ont coulé deux autres porte-avions. Les Japonais ont alors annulé l'invasion de Midway. Cependant, les Japonais ont réussi à bombarder Midway eux-mêmes avec des bombardiers qui avaient décollé de leurs porte-avions plus tôt dans la journée.

La victoire américaine à Midway est la première fois que les Alliés réussissent à arrêter le Japon. Midway marque donc le tournant de la guerre dans le Pacifique. Entre-temps, les Japonais ont réussi à annexer certaines des îles Aléoutiennes, mais celles-ci ont été progressivement reconquises après le retrait par erreur des Japonais lors de la bataille des îles Komandorski.

Les Japonais ne se laissent pas abattre et lancent une attaque sur les îles Salomon, une série d'îles situées au nord-est de l'Australie. Comme les Américains connaissaient les codes japonais pour le trafic radio, ils étaient au courant de l'invasion et ont envoyé une grande flotte sur place pour repousser l'attaque. Dans la mer de Corail, les deux flottes s'affrontent en mai 1942 et vainquent les Japonais.

La bataille de la mer de Corail

La bataille de la mer de Corail, qui s'est déroulée au début du mois de mai 1942, peut être considérée comme un tournant de la Seconde Guerre mondiale à plusieurs égards : c'est la première bataille navale au cours de laquelle des porte-avions s'attaquent mutuellement et la première bataille navale au cours de laquelle aucun navire ne voit l'autre. La bataille a également marqué le point où l'avancée japonaise dans le Pacifique a été stoppée pour la première fois.

Contexte

Ayant envahi de grandes parties de l'Asie du Sud-Est en quelques mois, l'Empire japonais est à l'apogée de sa puissance militaire. Les Alliés sont encore sous le choc d'une série de défaites. La stratégie alliée est axée sur un renforcement défensif de l'armée et du corps des Marines américains en Nouvelle-Calédonie et des forces aériennes et terrestres australiennes à Port Moresby, dans le sud de la Nouvelle-Guinée.

En avril 1942, les forces japonaises partent de leur base de soutien de Rabaul pour une double invasion amphibie à Port Moresby (opération MO) et à Tulagi dans les îles Salomon. L'objectif est triple : prendre le contrôle des îles Salomon, s'emparer de Port Moresby (dernière base entre le Japon et le continent australien) et forcer les porte-avions américains à combattre pour la première fois de la guerre.

91

Les historiens sont divisés sur l'objectif à long terme du
Japon. Il ne fait guère de doute qu'ils considéraient les îles
Salomon comme un bastion contre les futures contre-
attaques américaines. Il semble également plausible qu'ils
aient eu à l'esprit une invasion du nord de l'Australie.
Toutefois, les objectifs à long terme des Japonais suscitent
des doutes considérables. La pratique de la planification
japonaise était complexe, avec des domaines de
responsabilité mal définis et d'âpres débats entre l'armée
et la marine.

Plusieurs flottes prennent la mer : les forces d'invasion
pour les îles Salomon et Port Moresby, et une flotte de
protection composée de deux nouveaux grands porte-
avions (*Shokaku* et *Zuikaku*, tous deux vétérans de
l'attaque de Pearl Harbor), d'un porte-avions plus petit

(*Shoho*), de deux croiseurs lourds et d'avions de soutien. En écoutant les messages radio, les Alliés savent que les avions japonais basés à terre sont déplacés vers le sud et qu'une opération majeure est imminente.

Ils ont pu contrer cela avec trois flottes : L'USS *Yorktown* (CV-5) déjà présent en mer de Corail sous le commandement de l'amiral Frank Jack Fletcher, l'USS *Lexington* (CV-2) en route pour la mer de Corail, et une flotte de navires de surface. Les porte-avions USS *Hornet* (CV-8) et USS *Enterprise* (CV-6) se dirigeaient vers le sud après le raid de Doolittle sur Tokyo mais sont arrivés trop tard pour se joindre à la bataille.

La bataille

1-6 mai

Le *Lexington* est arrivé au *Yorktown* le 1er mai. Les Japonais occupent Tulagi sans opposition le 3 mai et commencent à construire un aérodrome. Après avoir pris du carburant, le *Yorktown* a fait route vers Tulagi et a mené plusieurs attaques réussies contre des navires et des avions japonais le 4 mai. En conséquence, les Américains ont trahi la présence de leur porte-avions, mais

93

ont coulé le destroyer japonais *Mikazuki*. Sa capacité à effectuer des vols de reconnaissance depuis l'île a été endommagée. Après cela, le *Yorktown s'est retiré* au point de rendez-vous convenu avec le *Lexington* et les croiseurs nouvellement arrivés. Pendant ce temps, deux grands porte-avions japonais s'approchent par le sud, laissant la flotte américaine coincée entre deux flottes japonaises.

Les B-17 basés à terre attaquent la flotte d'invasion approchant de Port Moresby le 6 mai, mais en vain. (Il faudra attendre presque un an de plus pour que l'on reconnaisse que les vols de bombardement à haute altitude sur des navires en mouvement sont sans but). Bien que les deux flottes aient effectué de nombreux vols de reconnaissance le 6 mai, elles n'ont pas pu se localiser ce jour-là, en partie à cause de la couverture nuageuse. Pendant la nuit, les deux flottes étaient distantes de plus de 100 km. D'autres avions alliés se mêlent à la bataille depuis les bases aériennes de Cooktown et d'Iron Range sur la péninsule du Cap York.

6-7 mai

94

Cette nuit-là, Fletcher prit la difficile décision d'envoyer ses principaux navires de surface sous le commandement de l'amiral australien John Crace pour bloquer la trajectoire la plus probable de la flotte d'invasion japonaise vers Port Moresby. La flotte de Crace était composée des croiseurs HMAS *Australia*, USS *Chicago* (CA-29), HMAS *Hobart,* et des destroyers USS *Perkins*, USS *Walke* et USS *Farragut.*Fletcher et Crace ont tous deux réalisé le risque qu'avec cela, cet escadron, sans protection aérienne exposé aux attaques des avions japonais basés à terre, risquait de subir le même sort que les cuirassés britanniques HMS *Prince of Wales* et HMS *Repulse* cinq mois plus tôt.

Leurs craintes se réalisent lorsque l'escadron est repéré par une escadrille de bombardiers torpilleurs japonais

95

dans l'après-midi du 7 mai et subit un certain nombre de raids aériens intenses.

Par chance ou par habileté, les navires alliés s'échappent, perdant l'*USS Neosho (AO-23)* et l'*USS Sims*. Quelques minutes après l'attaque japonaise, l'escadron est attaqué par erreur par des B-17 américains. Encore une fois, le *Farragut* et le *Perkins s*'en sont sortis sans dommage.

Les avions de reconnaissance américains ont repéré la flotte d'invasion japonaise avec le petit porte-avions japonais *Shoho*. Cette dernière est prise pour la flotte japonaise principale, et Fletcher déploie 53 bombardiers, 22 avions torpilleurs et 18 chasseurs pour une attaque. Le *Shoho* a été coulé lors de cette attaque.

8 mai

Le matin du 8 mai, les Japonais ont l'avantage. Une faible couverture nuageuse plane au-dessus de leurs porte-avions, ce qui rend difficile la recherche des avions alliés. Les porte-avions de Fletcher naviguent sous un ciel sans nuage.

Néanmoins, les avions de reconnaissance des deux camps ont trouvé les flottes de l'autre dans une succession assez rapide. Immédiatement après, les deux forces ont lancé une attaque aérienne contre les porte-avions de l'autre partie. Les deux vagues d'avions se croisent sans se faire remarquer. Caché sous la pluie, le *Zuikaku* échappe à la reconnaissance, mais le *Shokaku* est touché par trois bombes. En feu, le *Shokaku* n'a pas pu embarquer dans son avion de retour. Elle a été mise hors service.

Les deux porte-avions américains ont été touchés par l'attaque japonaise : le *Yorktown* par une bombe, le *Lexington*, plus grand et moins manœuvrable, par des

97

bombes et des torpilles. Elle a survécu aux premiers dégâts, qui ont été jugés réparables. Une heure plus tard, cependant, le kérosène a explosé et le navire a dû être abandonné et torpillé pour éviter de tomber aux mains des Japonais.

La force de Crace reste en position entre la flotte d'invasion japonaise et Port Moresby. Inoue, trompé par des rapports d'avions erronés sur la force de l'escadron allié, ordonne à la force d'invasion de faire demi-tour.

Impact historique

- En termes tactiques, les Japonais ont remporté une victoire marginale : ils ont perdu un petit porte-avions et les Américains un grand. Tous deux subissent encore de lourds dommages à l'un de leurs grands porte-avions, mais pour les Alliés, c'est un coup de pouce : après cinq mois de défaites continues, il y a enfin une bataille où ils se battent à armes égales.
- Ce coup de pouce au moral est extrêmement important : il donne aux Américains la certitude qu'ils peuvent vaincre le Japon.

- Le débarquement par la mer à Port Moresby a été empêché. Moresby constituait un point vital de la stratégie alliée, et ne pouvait pas encore être défendu par les forces terrestres qui y étaient stationnées. La perte de Port Moresby aurait presque certainement signifié une invasion de l'Australie, et peut-être même sa perte.

- Le débarquement par la mer ayant été évité, le Japon est contraint de tenter de prendre Port Moresby par voie terrestre. Ce retard est juste suffisant pour permettre l'arrivée de la *deuxième force impériale australienne* expérimentée. Ceux-ci ont ensuite combattu dans la campagne de la piste de Kokoda et la bataille de Milne Bay. Cela a allégé la pression sur Guadalcanal.

- Sans une base en Nouvelle-Guinée, l'avancée des Alliés dans le Pacifique aurait été plus coûteuse et plus longue que maintenant.

- La perte de l'*USS Lexington* est un coup dur, mais les Américains sont capables d'absorber les pertes plus rapidement que le Japon.

- La marine américaine a beaucoup appris de cette bataille. Grâce à la perte du *Lexington,* la Marine a appris de meilleures façons de stocker le carburant aviation sur les porte-avions. Il a également amélioré le contrôle de l'écran défensif des avions autour des porte-avions. Les attaques contre les porte-avions japonais ont permis de tirer de précieux enseignements sur la coordination des bombardiers en piqué et des bombardiers torpilleurs (trop tard pour la bataille de Midway, mais utile à plus long terme).

- L'*USS Yorktown* est retourné à Pearl Harbor.
- Bien que l'on ait estimé que la réparation du *Yorktown* prendrait des mois, les équipes de Pearl Harbor ont réalisé un exploit en le remettant en état de naviguer en très peu de temps. Ainsi, lors de la plus importante bataille de Midway, elle était à nouveau présente. Cette présence s'est avérée décisive (trois porte-avions au lieu de deux).
- *Le Shokaku* étant endommagé et le *Zuikaku* étant à court d'appareils, aucun des deux n'a pu participer à la bataille cruciale de Midway un mois plus tard.
- Bien que le *Zuikaku* n'ait été que légèrement endommagé, et qu'il transportait encore 40 avions, il a dû retourner au Japon pour être réparé. La réparation *du Shokaku* a pris six mois. Aucun des

deux n'était présent à la bataille de Midway. L'absence du *Zuikaku* et du *Shokaku* à Midway a été fatale pour le Japon, comme il s'est avéré par la suite : deux porte-avions de moins du côté japonais.

- Le Japon pouvait encore absorber la perte d'avions et même de porte-avions, mais il ne pourrait jamais compenser la perte de ses pilotes les plus expérimentés et les mieux entraînés.

Bataille de Guadalcanal

La **bataille de Guadalcanal**, également connue sous le nom de code **Opération Watchtower**, pendant la Seconde Guerre mondiale, a conduit à la capture par les forces américaines de l'île de Guadalcanal (partie des îles Salomon britanniques dans l'océan Pacifique) occupée par les Japonais en 1942.

Il y a eu 24 000 victimes japonaises et 6 000 victimes américaines - des chiffres limités par rapport à d'autres batailles. La campagne a été marquée par de durs combats et un certain nombre de premières :

- Première défaite des forces terrestres japonaises
- le premier débarquement amphibie des forces américaines depuis 1898.
- Diversité des combats (action de la flotte, bombardement des côtes, tactiques de guérilla, guerre terrestre, combat aérien).

Introduction

Guadalcanal se trouve au milieu de la chaîne allongée des îles Salomon, au nord de l'Australie.

La marine impériale japonaise voulait faire des îles Salomon une base stratégique majeure et a lancé en 1942 un programme visant à occuper toutes les îles et à y construire des aérodromes pour les bombardiers de patrouille basés à terre.

Guadalcanal deviendrait la base principale au milieu de la chaîne. S'ils réussissent, les navires alliés entre les États-Unis et l'Australie devront faire un long détour par le sud. Le Japon possède déjà une base à Rabaul, au nord de la chaîne d'îles.

103

Encore et encore, les adversaires ont apporté des renforts ; personne ne veut penser à perdre cette bataille. Les Japonais ont occupé Guadalcanal en juillet 1942, en tant qu'étape sur leur chemin vers l'Australie et Hawaï ; les Américains (plus précisément l'amiral Ernest King, chef des opérations) voulaient l'utiliser comme base pour leur avancée vers le nord-ouest. Au départ, l'amiral Isoroku Yamamoto, commandant de la flotte japonaise, n'a pas suffisamment pris conscience de l'importance de cette confrontation et des moyens qu'elle nécessiterait.

La perte de Guadalcanal signifie pour les Japonais qu'ils sont en position défensive et que les Américains peuvent utiliser l'île comme tremplin pour l'avancée sur le Japon.

Opération Watchtower

Le général Alexander Vandegrift a été nommé commandant des forces terrestres américaines à peine cinq semaines avant le début de l'attaque, dans une bataille qui allait finalement conduire à l'évacuation de l'île par les Japonais. La période entre août 1942 et février 1943 a vu un certain nombre de confrontations terrestres, maritimes et aériennes qui sont détaillées ci-dessous.

- le débarquement du 7 août 1942
- Bataille navale au large de l'île de Savo le 9 août 1942, première tentative ratée de la marine japonaise pour évincer les Américains, malgré leurs lourdes pertes.
- Le 18 août, le colonel Kiyono Ichiki débarque sur l'île avec 950 hommes. Une attaque banzaï à trois volets menée par ces troupes d'élite a tué plus de 700 Japonais. Le colonel Ichiki s'est fait hara-kiri.

- Lors de la bataille navale du 24 août au large des îles Salomon orientales, le porte-avions américain *USS Enterprise (CV-6) a* été gravement endommagé. Les Japonais ont perdu, entre autres, leur porte-avions Ryujo.

- Les 12 et 14 septembre, le colonel Mike Edson repousse une attaque de 7 000 Japonais dirigée par le major général Kiyotake Kawaguchi. Cet affrontement a été appelé plus tard la *bataille de Bloody Ridge*. Un bombardement aérien intense de Henderson Field et un bombardement avec des canons de marine l'ont précédé.

- Le 15 septembre, le porte-avions *Wasp est* perdu dans une attaque de sous-marin. Le croiseur lourd *North Carolina a été* touché par une torpille. 4 000 soldats américains à bord de navires de transport ont atterri en toute sécurité.

- Le lieutenant général Haruyoshi Hyakutake débarque 20 000 hommes le 9 octobre. Vandergrift a vu sa force renforcée par 4 000 soldats.

- La bataille navale du cap Esperance, les 11 et 12 octobre, se termine avec un léger avantage américain. Cependant, la marine américaine a pu retarder mais pas empêcher les débarquements continus de troupes japonaises (appelés de justesse *Tokyo Express* par les Marines).

- Le 13 octobre, Henderson Field est à nouveau bombardé par l'artillerie navale et par *Pistol Pete* (une pièce d'artillerie lourde de campagne). En quatre-vingts minutes, 918 obus de gros calibre ont touché l'aérodrome, le rendant inutilisable.

- Hyakutake élabore de nouveaux plans pour lancer une attaque à trois volets depuis différentes directions sur Henderson Field le 18 octobre. La marine et l'aviation japonaises ont apporté leur soutien. Les difficultés de transport des canons à travers la jungle et la pluie incessante ont entraîné un retard jusqu'au 24 octobre. Les unités commandées par le général Sumioyosji, ignorant l'ajournement, lancent leur attaque le 23 octobre. 650 Japonais sont morts. L'attaque de la division Senda est repoussée le jour suivant (plus de 900 Japonais tués). L'artillerie des Marines, les bombardiers et *Pistol Pete* bombardent les positions américaines le 25 octobre (dugout sunday). Dans la soirée, les troupes terrestres japonaises attaquent à nouveau, toujours sans

107

succès. A partir du 29 octobre, ils ont commencé à se retirer.

* Une autre confrontation entre les marines japonaise et américaine a lieu dans la nuit du 25 au 26 octobre (bataille des îles Santa Cruz). Les Américains ont perdu le porte-avions *Hornet*, le destroyer *Porter* et 74 avions. Le porte-avions *Enterprise* et le *South Dakota* ont été endommagés. Les Japonais ont perdu 100 avions. Leurs porte-avions *Shokaku* et *Zuiho*, le croiseur lourd *Chikuma* et le destroyer *Terutsuki* ont été lourdement endommagés.

Contre-offensive des Alliés

Les Alliés ont l'avantage de pouvoir choisir le lieu de la prochaine attaque, mais il y a une dichotomie dans le camp allié. Les États-Unis voulaient une attaque directe sur la Micronésie pour pousser sur le Japon lui-même. Après avoir capturé la Micronésie, ils voulaient progresser vers les îles Mariannes, puis Okinawa et ensuite, via une armada de navires et d'avions, vers le Japon proprement dit. Les autres alliés veulent d'abord éliminer la menace qui pèse sur leurs propres frontières en libérant l'Asie du Sud-Est des Japonais. Il est décidé de mettre en œuvre les deux stratégies : les Britanniques entament la reconquête de la Birmanie, les Chinois entrent en Chine japonaise et les Américains avancent en Micronésie.

La résistance des Japonais est très forte et ils se battent pour chaque mètre de terrain. La Micronésie est conquise, ainsi que la Birmanie et certaines parties de la Chine orientale. Les Alliés se rapprochent de plus en plus du Japon et la résistance des Japonais est de plus en plus faible, la flotte et l'armée de l'air subissent de lourdes pertes, et les pilotes japonais mettent en place leur tactique kamikaze, en faisant s'écraser leurs avions directement sur les navires alliés.

Lorsque Guam est finalement reconquise en août 1944, les bombardiers lourds B-29 peuvent attaquer le Japon depuis l'île, et une longue série de bombardements sur les villes japonaises commence, détruisant toute l'infrastructure du pays, sans toutefois briser le moral des Japonais comme prévu.

En février 1945, les Américains débarquent sur Iwo Jima dans le but de prendre les deux aérodromes de l'île. Après de durs combats, Iwo Jima est prise un mois plus tard. En avril, les Américains débarquent sur l'île d'Okinawa, directement au sud des îles principales du Japon. Une terrible bataille s'ensuivit, les Japonais mettant tout en œuvre pour tenir l'île, les kamikazes étant également largement utilisés. Après d'âpres combats, les derniers Japonais se rendent le 23 juin.

Le débarquement à Iwo Jima

Le débarquement sur Iwo Jima (nom de code Opération Detachment) est une opération de débarquement américaine sur l'île d'Iwo Jima en février 1945 qui s'inscrit dans le cadre des combats dans l'océan Pacifique entre les États-Unis et le Japon impérial pendant la Seconde Guerre mondiale.

Les Américains voulaient utiliser Iwo Jima comme base pour leurs attaques (aériennes) sur le Japon. Ils parviennent à prendre l'île aux Japonais, en prenant le contrôle des trois aérodromes qui s'y trouvent, les seuls entre le Japon et les îles Mariannes et à 1250 km de Tokyo. Les Japonais les avaient utilisées pour intercepter les bombardiers américains en route vers et depuis leurs raids de bombardement sur le Japon, et maintenant les Américains pouvaient utiliser l'île comme base pour des attaques sur le Japon continental.

Prévoir

Au moment de l'attaque de Pearl Harbor, l'armée japonaise avait une garnison de 3 700 à 3 800 hommes stationnés à Chichi-jima, à laquelle s'ajoutait un personnel
111

naval de 1 200 hommes basé sur la base navale de Chichi-jima. Il s'agissait d'une base d'hydravions, d'une station radio et météo et de plusieurs embarcations légères telles que des dragueurs de mines, des chasseurs de sous-marins et des patrouilleurs.

Sur Iwo Jima, la marine avait construit un aérodrome à 1,5 ou 2 km du mont Suribachi. 1 500 membres de l'aéronavale et 20 avions constituent l'occupation de l'aérodrome.

Après la perte des îles Marshall et les attaques aériennes dévastatrices sur Truk dans les Carolines en février 1944, les chefs militaires japonais reconsidèrent la situation. Tous les renseignements indiquent une attaque américaine imminente vers les îles Mariannes et les Carolines. Pour s'en prémunir, ils ont formé une ligne de défense intérieure s'étendant des Carolines aux Mariannes, et de là aux îles Bonin. En mars 1944, la 31e armée japonaise est formée sous le commandement du général Hideyoshi Obata pour assurer cette ligne de défense intérieure. Le commandant de la garnison de Chichi-jima devient le commandant nominal des unités de l'armée et de la marine dans les îles Bonin.

Réalisant parfaitement, après la perte des îles Mariannes au cours de l'été 1944, que la perte des îles Bonin signifierait une intensification des bombardements sur la patrie japonaise, la marine et l'armée ont envoyé des renforts à Iwo Jima. Cinq cents renforts de la marine et cinq cents de l'armée de terre arrivent en mars et avril 1944, et avec les renforts de Chichi-jima et des îles d'origine, la force des défenses passe à cinq mille hommes avec treize pièces d'artillerie et deux cents mitrailleuses légères et lourdes. En outre, la défense disposait de douze canons antiaériens lourds, de canons antinavires de 120 mm et de trente canons antiaériens à double canon de 25 mm.

Les plans de défense japonais sont compliqués par l'incapacité de la marine à entraver efficacement les débarquements après la défaite dévastatrice de sa flotte lors de la bataille du golfe de Leyte. De plus, les pertes aériennes sont si lourdes que, sans même compter les retards causés par les raids aériens, il faudra attendre mars ou avril 1945 pour que les Japonais retrouvent trois mille appareils. Même dans ce cas, ces avions ne peuvent être déployés au-dessus d'Iwo Jima, l'île étant hors de portée des avions japonais. Et le peu d'avions qu'il y avait

113

était grandement nécessaire sur Formose et les îles voisines, où il y avait au moins suffisamment de bases aériennes.

Dans une étude d'après-guerre, les officiers d'état-major japonais ont décrit la stratégie de défense d'Iwo Jima comme suit :

À la lumière de la situation ci-dessus, reconnaissant qu'il était impossible de mener des opérations aériennes, terrestres ou maritimes qui conduiraient à une victoire finale, il a été décidé que, afin de gagner du temps pour préparer la défense de la patrie (japonaise), nos forces devaient s'appuyer exclusivement sur les défenses disponibles de la zone et que l'objectif était de ralentir l'avance de l'ennemi.

Il était terrifiant de penser que même les attaques suicides de petits groupes d'avions de la marine et de l'armée, les attaques surprises de sous-marins et les débarquements de parachutistes seraient incapables d'exploiter des opportunités stratégiques occasionnelles.

Avant même la chute de Saipan en juin 1944, les Japonais savent qu'Iwo Jima doit être renforcée. Fin mai, le général

Hideki Tojo informe le général de corps d'armée Tadamichi Kuribayashi, au bureau du premier ministre, qu'il a été choisi pour défendre Iwo Jima jusqu'au bout. On a souligné à Kuribayashi l'importance de cette mission : les yeux de tout le Japon étaient braqués sur lui. Le 8 juin, Kuribayashi part pour ce qui sera sa dernière mission.

Dans les premiers jours de 1945, le Japon est confronté à la perspective d'une invasion alliée. Des raids de bombardement quotidiens depuis les îles Mariannes, dans le cadre de l'opération Scavenger, ont causé des dommages dévastateurs. Iwo Jima servait de station d'alerte. Par radio, l'arrivée des bombardiers américains est communiquée au Japon. Les défenses aériennes japonaises sont alors prêtes lorsque les bombardiers alliés arrivent.

Le débarquement a été planifié par les Alliés car il y avait un écart de deux mois dans le calendrier entre le débarquement sur Leyte aux Philippines et le débarquement sur Okinawa. Cette situation n'a pas été jugée acceptable.

Préparations japonaises

115

Le général Kuribayashi est arrivé à Iwo Jima entre le 8 et le 10 juin 1944. Quatre-vingts avions de chasse étaient présents à son arrivée, mais début juillet, il n'en restait plus que quatre. Une unité navale américaine a bombardé l'île à bout portant pendant deux jours. Aucun bâtiment n'est resté intact. Les quatre derniers appareils ont également été détruits.

À la surprise de la garnison, aucune invasion n'a suivi durant l'été 1944. Cependant, il y a peu de doute que les Américains lanceront une invasion. Il était clair qu'en l'absence de soutien aérien et naval, la chute de l'île était inévitable, mais le général Kuribayashi était déterminé à faire payer à l'adversaire le prix le plus élevé possible. Dans un premier temps, il a ordonné l'évacuation de tous les civils, ce qui a été fait à la fin du mois de juillet.

Le prédécesseur de Kuribayashi, le lieutenant-général Hideyoshi Obata, conformément à la doctrine dominante selon laquelle les invasions doivent être arrêtées directement sur le front de mer, avait renforcé le littoral avec des bunkers et de l'artillerie.Le général Kuribayashi avait une opinion différente. Au lieu d'une tentative futile de tenir les plages, il les a fait défendre avec des armes légères uniquement. Toute l'artillerie, les mortiers et les roquettes ont été placés au pied et sur les pentes du volcan Suribachi et sur les hauteurs au nord.

La défense à long terme de l'île nécessitera un système élaboré et bien pensé de tunnels à différents niveaux, car les bombardements côtiers ont montré que les bâtiments ne pouvaient pas résister au bombardement de l'artillerie des navires.Des ingénieurs japonais sont invités à concevoir les tunnels et les grottes de manière à ce que l'air frais soit présent même pendant les bombardements prolongés.

Au même moment, des renforts ont commencé à arriver sur l'île. Kuribayashi décide de transférer la 2ème brigade mixte de cinq mille hommes de Chichi à Iwo. Après la chute de Saipan, 2 700 hommes du 145e régiment d'infanterie, commandés par le colonel Masuo Ikeda, sont transférés à Iwo Jima. Un bataillon du génie de 1 233 hommes a commencé la construction des bunkers et autres fortifications.

Le 10 août, l'amiral Toshinosuka Ichimaru arrive, suivi peu après par 2 216 membres de la marine. Des unités

117

d'artillerie et cinq bataillons antichars sont ensuite arrivés. Bien que de nombreux navires de ravitaillement aient été coulés par des sous-marins et des avions américains en route vers Iwo Jima, une grande partie du matériel est parvenue sur l'île au cours de l'été et de l'automne 1944.

À la fin de 1944, Kuribayashi disposait de 361 pièces d'artillerie de 75 mm ou plus. En outre, il disposait d'une douzaine de mortiers de 320 mm, de 65 mortiers moyens (150 mm) et légers (81 mm), de 33 pièces d'artillerie de marine de 80 mm et de 94 canons antiaériens de 75 mm ou plus. En outre, il y avait deux cents canons antiaériens de 20 et 25 mm, et 69 canons antichars. La puissance de feu de cette artillerie était augmentée par soixante-dix lance-roquettes de différentes tailles, dont un géant de plus de cinq cents livres d'une portée de sept kilomètres.

Le 26e régiment de chars a été torpillé en route vers Iwo Jima et a perdu ses 28 chars. Les 600 hommes sont arrivés sains et saufs. De nouveaux chars ont été commandés au Japon et 22 sont arrivés en décembre. L'intention du colonel Nishi était de déployer ses chars partout où la situation menaçait de devenir incontrôlable.

La nature vallonnée de l'île a empêché une telle utilisation et les chars ont été enterrés.

Toute l'artillerie a été construite dans de solides bunkers en béton par les Japonais. Les Japonais ont découvert que l'on pouvait fabriquer un béton d'excellente qualité à partir de cendres volcaniques noires avec du ciment. Les bunkers situés près de la plage avaient tous une épaisseur de mur d'un mètre. Un vaste réseau de couloirs souterrains, de bunkers et de fortifications offrait aux troupes japonaises un excellent abri contre les attaques aériennes et les bombardements de navires. Ici, une grande attention a été accordée à la ventilation (la nature volcanique de l'île produisait beaucoup de gaz sulfureux) et aux sorties multiples, de sorte qu'après un bombardement, l'équipage d'un bunker ne soit pas piégé.

Le général Kuribayashi établit sa base de commandement dans la partie nord de l'île. Ses bunkers de commandement se trouvaient à plus de vingt mètres sous terre, reliés par des tunnels de deux cents mètres de long. Au-dessus du sol, dans un solide bunker en béton, soixante-dix télégraphistes travaillent en équipe.

119

La colline 382 était le point le plus élevé de l'île après le volcan. Une station météorologique et une station de radio ont été construites ici. Le colonel Chosaku Kaido était responsable de toute l'artillerie sur l'île et avait son commandement à proximité de la station radio.

Le plus grand projet était un système de tunnels de 27 km de long pour relier toutes les grandes installations de défense. Au moment où les Américains débarquent, 13 km de ce réseau sont achevés. Le travail était extrêmement dur : la température était de 30 à 50 degrés, les gens devaient porter des masques à gaz contre les fumées sulfureuses et, à partir du 8 décembre, l'US Air Force bombardait l'île quotidiennement. Malgré le blocus américain par les sous-marins et les bombardiers, les renforts continuent d'affluer. Finalement, le général Kuribayashi dispose de 21 000 à 23 000 hommes.

Son plan de défense diffère radicalement de tous les plans précédents pour défendre l'île :

- Afin de ne pas trahir leurs positions, l'artillerie japonaise ne répond pas aux bombardements des navires américains.

- On n'attraperait pas les Américains sur les plages.
- A 400 ou 500 mètres à l'intérieur des terres, les Américains subissent le feu des armes automatiques de l'aérodrome et de l'artillerie du volcan Suribachi et des hauteurs au nord.
- Après avoir infligé un maximum de dégâts, l'artillerie de l'aérodrome serait retirée vers le nord.
- Il n'y aurait pas de contre-attaque *banzaï* majeure.
- Une défense élastique et sédentaire serait menée. Les troupes japonaises avaient des provisions pour 2,5 mois.

Préparation américaine

Le 7 octobre 1944, l'amiral Chester W. Nimitz et son état-major formulent les objectifs de l'opération Detachment. L'objectif global de l'opération était de s'attaquer au Japon pour "maintenir la pression" et consolider le contrôle américain sur le Pacifique. Avec Iwo Jima aux mains des États-Unis, les bombardiers américains seraient moins gênés dans leurs bombardements du Japon, et l'île pourrait être utilisée comme base pour des attaques contre le Japon. Les avions de guerre américains pourraient apporter un soutien aux bombardiers américains dans leurs vols vers le Japon, et les bombardiers endommagés pourraient effectuer un atterrissage d'urgence sur Iwo Jima.

Le 9 octobre, le général Holland Smith reçoit l'étude d'état-major, accompagnée d'un ordre de l'amiral Chester Nimitz de prendre le contrôle de l'île. L'ordre a également nommé les commandants de l'opération.

- L'amiral Raymond Spruance, commandant de la Cinquième Flotte, se voit confier le commandement de l'opération Commander avec la Task Force 50.
- Sous la direction de Spruance, le vice-amiral Richmond Kelly Turner, commandant des forces amphibies dans le Pacifique, commandera la Task Force 51.
- Le commandant adjoint de la force expéditionnaire conjointe était le contre-amiral Harry W. Hill. Le général Holland Smith est désigné comme commandant des "Troupes expéditionnaires", Task Force 56.

Ce n'est pas un hasard si ces personnes ont été choisies pour cette opération. Chacun d'entre eux avait gagné ses galons dans des opérations similaires précédentes. C'est l'équipe qui avait organisé et perfectionné les techniques amphibies de Guadalcanal à Guam et des îles Salomon à Tarawa.

Les principales unités de la force de débarquement seront les Marines des 3e, 4e et 5e divisions. La troisième division s'était déjà distinguée à Bougainville dans les îles Salomon et à Guam dans les îles Mariannes. La division était encore en train de se réorganiser à l'automne 1944 après les durs combats sur Guam et a également été active dans le nettoyage des dernières poches de résistance japonaises sur l'île.

L'amiral Spruance a pris le commandement des forces engagées dans le Pacifique central le 26 janvier. Les 4e et 5e divisions de Marines, moins le 26e régiment, ont été désignées pour le débarquement. Le 26e régiment est en réserve, tandis que la 3e division doit embarquer de Guam et ne débarquer qu'à J+3 (trois jours après le débarquement initial).

Le calendrier du débarquement est simple : les 4e et 5e divisions débarquent sur la plage orientale, la 4e à droite et la 5e à gauche ; la 3e division débarque ensuite sur la même plage et joue un rôle offensif ou défensif selon les besoins ; le plan prévoit une expansion rapide de la tête de pont. Un régiment de la 5e division est désigné pour la capture du volcan Suribachi au sud.

En raison du risque de conditions de vagues défavorables sur les plages de l'est, un plan alternatif de débarquement sur les plages de l'ouest a été élaboré le 8 janvier 1945. Les chances que ce plan soit mis en œuvre n'étaient pas élevées, car les vents dominants de nord à nord-ouest donnaient des vagues dangereuses sur la côte ouest de l'île.

Pour le débarquement, la plage orientale a été divisée en bandes de 450 mètres (500 yards) nommées de gauche à droite : vert, rouge 1 et 2, jaune 1 et 2 et bleu 1 et 2. La 5e division de Marines débarquerait sur les zones vertes et rouges 1 et 2, et se déplacerait en ligne droite à travers l'île jusqu'à atteindre la côte ouest : l'île est assez étroite à cet endroit. Un régiment prendrait le volcan Suribachi.

La mission de la 4e division de Marines était de prendre le centre de l'île, tandis que son flanc devait viser le plateau de Motoyama, le terrain élevé qui surplombe la zone de débarquement. Si les deux cibles, à partir desquelles les plages pouvaient être mitraillées au hasard, n'étaient pas rapidement prises, les pertes parmi les forces de débarquement pouvaient rapidement s'accumuler.

Une fois la partie sud de l'île sécurisée, les deux divisions avanceront conjointement vers le nord, tandis que la 3e division de Marines, initialement restée à bord en tant que réserve, descendra également à terre pour renforcer l'attaque.

Le programme d'atterrissage détaillé, de gauche à droite :

- **vert 1 :** 28e régiment, colonel Harry B. Liversedge :
- **vert 1 :** 27e régiment, colonel Thomas A. Wornham :
- **jaune 1 et 2 :** 23e régiment, colonel Walter W. Wensinger : conquérir l'aérodrome de Motoyama
- **bleu 1 :** 25e régiment, colonel John R. Lanigan : aide à la prise de l'aérodrome 1
- 24e régiment, colonel Walter I. Jordan, en réserve
- 26e régiment, colonel Chester B. Graham : soutien de la 5e division

L'artillerie ne débarque qu'après avoir reçu l'ordre du commandant de la division. Le 14e régiment (colonel Louis G. DeHaven) et le 13e régiment (colonel James D. Wailer) apporteront respectivement leur soutien aux 4e et 5e divisions.

L'opération est chronométrée de manière à ce qu'à l'heure U 68, les péniches de débarquement amphibies de la première vague d'attaque arrivent sur la plage. Ces véhicules avanceront jusqu'à la première bande de terre au-delà de la ligne des hautes eaux. Ces véhicules blindés utilisaient leurs obusiers et leurs mitrailleuses pour garder l'ennemi à couvert. De cette façon, l'infanterie pouvait bénéficier d'un tir de couverture des prochaines vagues d'attaque lorsqu'elles couraient sur la plage depuis leur péniche de débarquement. Le moment du débarquement des chars serait déterminé avec souplesse. Un bombardement de trois jours de l'île a suivi à partir du 16 février.

L'atterrissage américain

À 2 heures du matin, le 19 février, les cuirassés américains ont commencé à bombarder comme au début du Jour J.

Un bombardement par 100 bombardiers a suivi, après quoi l'artillerie navale est entrée en action. A 8h30, les premiers des 30 000 Marines débarquent sur Iwo Jima.

Les marines étaient sous le feu nourri du volcan Suribachi au sud de l'île. Le terrain sur lequel ils ont combattu était extrêmement hostile : de la cendre volcanique rugueuse sur laquelle il était facile de glisser, mais dans laquelle il était impossible de s'enfoncer. Néanmoins, le soir venu, 30 000 marines avaient débarqué et la montagne avait été coupée du nord de l'île. 40 000 autres marines suivront au cours de la bataille.

Les pentes du volcan Suribachi ont dû être combattues mètre par mètre. Les tirs sont inutiles contre l'infanterie japonaise bien retranchée. Les lance-flammes et les grenades ont dû détruire les bunkers japonais morceau par morceau. Il a fallu attendre le 23 février pour atteindre le sommet. À 10 heures, des Marines du 28e régiment ont planté un drapeau américain sur le sommet.

Cet événement a été rejoué quelques heures plus tard et l'une des photographies les plus célèbres de la Seconde Guerre mondiale en a été tirée. Le photographe Joe

Rosenthal de l'Associated Press a remporté plusieurs prix avec cette photo, dont le prix Pulitzer en 1945.

Cependant, avec le lever du drapeau, toutes les positions défensives japonaises sur le volcan n'avaient pas encore été prises. De violents combats ont eu lieu les jours suivants. Le général Kuribayashi a interdit une contre-attaque majeure lorsqu'Ichimaru lui a demandé la permission de le faire.

La zone d'atterrissage avait été partiellement sécurisée avec la prise de contrôle du volcan. Maintenant, plus de marines et d'équipements lourds arrivaient sur le rivage. L'invasion est étendue pour prendre le contrôle des aérodromes et du reste de l'île. Dans les semaines qui suivent, la bataille reste extrêmement dure sur toute l'île.
129

Avec le courage traditionnel, les Japonais se sont battus jusqu'à la mort. Sur les 22 000 défenseurs, seuls 200 hommes ont été capturés.

Les forces alliées ont subi 21 000 pertes, dont 7 000 morts. Un quart des médailles d'honneur décernées aux Marines américains pendant la Seconde Guerre mondiale l'ont été pour les opérations menées à Iwo Jima. Le 26 mars 1945, l'île est déclarée sûre.

L'amiral Chester W. Nimitz décrira les combats comme suit : *Parmi les hommes qui ont combattu à Iwo Jima, le courage inhabituel était un trait commun.*

Impact

Le prix à payer pour Iwo Jima était élevé des deux côtés. Cependant, le prix en valait la peine pour les Américains. À la fin de la guerre, 2 400 bombardiers B-29 et 27 000 membres d'équipage avaient effectué un atterrissage d'urgence sur l'île.

Bataille d'Okinawa

La bataille d'Okinawa (en japonais : 沖縄戦, *Okinawa-sen*), nom de code allié Opération Iceberg, s'est déroulée du 1er avril au 22 juin 1945 dans le sud du Japon entre les forces japonaises et américaines.

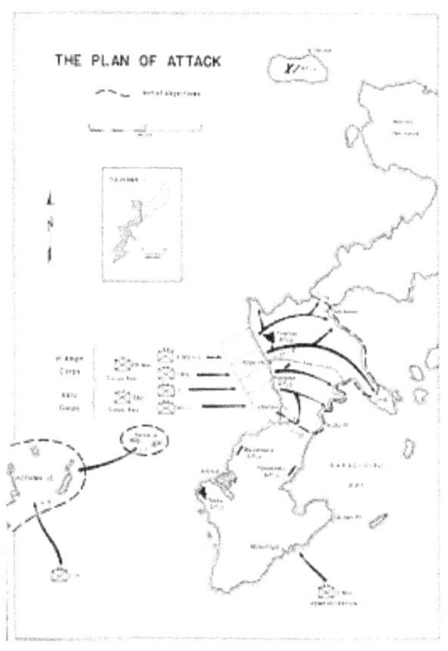

Les Américains débarquent sur les petites îles Kerama près d'Okinawa le 26 mars 1945 et sur Okinawa même le 1er avril. La bataille a été appelée *tetsu no ame*, "pluie d'acier", par les habitants. Cette bataille a permis au monde de découvrir pour la première fois le phénomène kamikaze à grande échelle. Le 23 juin, les derniers Japonais se rendent après de très durs combats.

L'emplacement stratégique d'Okinawa

Okinawa est la plus grande île (environ 1 200 km²) des îles Riukiu, à environ 600 km au sud-ouest des quatre îles principales du Japon. Contrairement à d'autres îles disputées, comme Iwo Jima, elle avait une importante population indigène.

L'importance stratégique d'Okinawa pendant la Seconde Guerre mondiale était considérable. Les Américains avaient fait du "island-hopping", prenant une île après l'autre au sud du Japon. Le contrôle américain d'Okinawa couperait effectivement les approvisionnements japonais en matériaux tels que le pétrole, le minerai de fer et le caoutchouc en provenance du sud, ainsi que les communications entre le continent japonais et les bases japonaises dans le Pacifique sud. L'île pourrait également servir de base à une attaque américaine contre les îles principales du Japon. Okinawa abritait également plusieurs aérodromes et les deux seuls ports raisonnablement grands entre Formose et l'île principale du Japon, Kyushu.

Okinawa pendant la Grande Guerre d'Asie

Il y avait peu de traces de la lutte en Chine, qui a commencé en 1937, sur l'île. Elle n'a jamais été une zone industrielle et n'a jamais produit beaucoup de nourriture. La seule contribution d'Okinawa réside dans le fait que la canne à sucre est cultivée sur l'île, ce qui permet de produire de l'alcool pour les torpilles et les moteurs. Cependant, lorsque les États-Unis se sont engagés dans la guerre par l'attaque de Pearl Harbor le 7 décembre 1941, l'île a été fortifiée. Il est devenu une pierre angulaire du "mur défensif" du Japon. Plusieurs aérodromes ont été

133

construits et les ports ont été modernisés pour accueillir de grands navires de guerre et des porte-avions.

Opération Iceberg

Effectifs des troupes

- Les forces américaines dans le Pacifique avaient déjà pris plusieurs îles, les plus récentes étant Iwo Jima et les Philippines. La cinquième flotte américaine de l'amiral Raymond A. Spruance comptait plus de 40 porte-avions, 18 cuirassés, 200 destroyers et des centaines de navires de tous types pour le soutien (par exemple, des corvettes et des navires-hôpitaux). Au total, environ 1 300 navires américains ont encerclé l'île. Sur ces 1 300, 365 étaient des navires amphibies.
- La 10e armée américaine nouvellement formée, qui a commencé la bataille pour Okinawa le 1er avril 1945 avec 154 000 hommes, était composée de sept des divisions les plus endurcies combattant dans le Pacifique. Le 14e Corps du général John Hodge comprend les 7e et 96e divisions d'infanterie, le 3e Corps amphibie du

major général Roy Stanley Geiger comprend les 1re et 6e divisions de Marines ; les 27e et 77e divisions d'infanterie et la 2e division de Marines constituent la force de réserve.

- Comme pour Iwo Jima, les renseignements américains ont également sous-estimé la force de l'ennemi à Okinawa. En effet, lors de la préparation de l'attaque, l'île était encore trop éloignée pour les avions de reconnaissance américains. Le nombre de Japonais était estimé à 65 000, alors qu'il s'est avéré être supérieur à 100 000. Les bombardiers B-29 effectuent la première mission de reconnaissance au-dessus d'Okinawa et des îles environnantes.

- L'armée impériale japonaise dirigée par Mitsuru Ushijima avait un plan de défense prêt. En raison de l'écrasante suprématie américaine en mer et dans les airs, il est décidé de ne pas combattre sur les plages. La quasi-totalité du nord de l'île n'était pas défendue, à l'exception du mont Yaedake, de l'aérodrome de Kadena et des bases de Yomitan. Dans la zone montagneuse du sud d'Okinawa, cependant, quatre cercles défensifs, appelés cercles de Shuri, ont été établis où les Japonais se sont retranchés. Les cercles de Shuri étaient facilement défendables grâce au paysage accidenté et au grand nombre d'artilleries japonaises de différents calibres.

La flotte arrive

Le 10 octobre 1944, environ deux cents avions bombardent Naha, la plus grande ville et la capitale d'Okinawa, sur ordre de l'amiral Halsey. La ville a été presque entièrement détruite. À la mi-mars 1945, la flotte américaine se rassemble pour bombarder Okinawa. Les premiers kamikazes font également leur apparition.

L'atterrissage

Avant le débarquement de l'armée, les navires de la Task Force 52 dirigée par le général Blandy ont bombardé les plages avec 13 000 obus. En outre, les bombardiers Curtis Lemay ont effectué 3 000 sorties. De cette façon, les Américains espéraient éliminer presque toute résistance sur l'île avant le débarquement proprement dit. Le bombardement de la flotte n'a pas cessé jusqu'à ce que les premiers soldats américains mettent pied à terre, ne rencontrant pratiquement aucune résistance. À la fin du premier jour, près de 60 000 soldats américains (deux divisions de marines et deux divisions de l'armée de terre) avaient débarqué.

En même temps que la première vague d'attaques, la deuxième division des Marines avait mené une attaque de diversion au sud. Le deuxième jour, la même action a été menée afin que les Japonais ne puissent pas empêcher la formation d'une tête de pont sur le site de débarquement.

137

Les Américains traversent rapidement l'île et isolent le sud du nord, toujours sans rencontrer de résistance notable.

Le suivi de l'atterrissage s'est déroulé en quatre phases :

- L'avance vers la côte est (1-4 avril).
- Exploration et prise en charge de la partie nord de l'île (5-18 avril).
- Prendre les îles environnantes (10 avril - 26 juin).
- La bataille réelle avec la 32ème armée japonaise retranchée. Cette bataille a commencé le 6 avril et ne s'est terminée que le 21 juin.

Les batailles

La bataille dans le sud d'Okinawa contraste avec la prise rapide du nord de l'île.

Ce n'est que lorsque les 7e et 96e divisions d'infanterie sont envoyées au sud, parce que les Américains ont appris des indigènes que les Japonais se trouvaient principalement au sud, que la véritable bataille pour Okinawa commence.

En fin de compte, la bataille d'Okinawa est devenue l'une des batailles les plus sanglantes et les plus amères de toute la guerre.

Bien que les Américains aient rencontré une résistance déterminée le 5 avril, l'avance a pu se poursuivre, bien que difficilement. Le 9 avril, la résistance est si forte que les divisions de Roy Stanley Geiger et de John Hodge s'arrêtent complètement devant une position fortement défendue sur la crête de Kakazuberg. Les Américains ont attaqué pendant des jours, soutenus par des bombardiers B-29 Superfortress, mais ont été continuellement repoussés.

Du côté japonais, les pertes sont élevées. Le 12 avril, jour de la mort du président américain Roosevelt, plus de 5 500 Japonais avaient été tués, contre " seulement " 451 Américains. Cependant, les Américains sont toujours confrontés à la crête de Kakazuberg.

Les trois premiers cercles défensifs sont tombés relativement facilement. Le fait que les Japonais lancent des contre-attaques tactiquement peu judicieuses tourne à l'avantage des Américains.

Mais au quatrième cercle sur l'île de Kiyamuschiere, la résistance était très âpre. Lorsque tout espoir a été perdu, plusieurs Japonais, dont le général Mitsuru Ushijima, se sont fait seppuku ou se sont fait exploser avec des grenades à main.

Perdre

- Pertes américaines : 34 navires ont coulé, 368 navires ont été endommagés, 763 avions ont été abattus. Au total, plus de 12 000 soldats américains ont été tués pendant la bataille d'Okinawa.
- Les pertes japonaises : Les pertes japonaises ont été énormes. 107 539 soldats sont morts, 10 755 ont été capturés ou se sont rendus. 7830 avions et 16 navires ont été détruits.
- Victimes civiles : Les habitants d'Okinawa ont été enrôlés de force dans l'armée japonaise et sont morts dans les combats. De nombreuses autres personnes ont fui dans des grottes pour éviter

d'être prises dans les bombardements et ont été enterrées vivantes dans des effondrements. Les bombardements d'artillerie et aériens ont également fait de nombreuses victimes. Toutes les estimations se situent entre un tiers et un dixième de la population.

- Un phénomène qu'il ne faut surtout pas sous-estimer est celui de la "battlestress". Cela a causé plus de pertes dans cette bataille que dans les autres batailles où ce phénomène a également été suivi. Les attaques répétées, les bombardements continus et le pourcentage élevé de morts sont à blâmer. Au total, il y a eu plus de 26 000 victimes psychiatriques du côté américain. Du côté japonais, aucun chiffre n'est disponible.

Kamikaze

Les kamikazes sont des soldats qui tentent d'infliger un maximum de pertes à l'ennemi en se suicidant. Les plus célèbres sont les pilotes kamikazes - qui étaient aussi les plus nombreux - mais les cas de sous-marins kamikazes, de vedettes rapides kamikazes et d'assauts kamikazes (dans lesquels des soldats enfermés qui ne voyaient

aucune chance de victoire se jetaient sur l'ennemi dans
une course aveugle) sont bien connus.

Les kamikazes reçoivent une mention spéciale car
l'apogée des attaques kamikazes a eu lieu pendant la
bataille d'Okinawa.

- Les 6 et 7 avril, une attaque kamikaze massive a
  lieu pour la première fois. Des centaines d'avions
  kamikazes, les "kikusui" (chrysanthème flottant,
  symbole impérial du Japon), plongent dans la flotte
  d'invasion. A la fin de la bataille, 1465 vols
  kamikazes ont eu lieu. Trente navires américains
  ont été coulés et 164 ont été endommagés.
- Les Japonais avaient également conçu un plan
  pour attaquer la flotte américaine avec des bateaux
  à moteur rapides remplis d'explosifs. Cependant,
  ce plan n'a jamais été mis en œuvre.
- La fierté de la flotte japonaise, le *Yamato*, le plus
  grand cuirassé jamais construit, a également été
  envoyé en mission kamikaze. Il était prévu qu'il
  s'échoue sur les plages d'Okinawa et serve
  d'emplacement d'artillerie. Toutefois, le sous-marin
  américain *USS Hackleback* a détecté le cuirassé et
  son escorte - composée du croiseur léger *Yahagi*

et de huit destroyers - plus tôt et a transmis leur position. Le vice-amiral Marc Mitscher a lancé des frappes aériennes à 10 heures du matin le 7 avril. Pendant les deux heures qui suivent, la flottille japonaise subit une attaque aérienne constante. Le *Yamato* a reçu 12 bombes et sept torpilles. Il a fini par exploser et couler. Le *Yahagi* et un des destroyers ont partagé son sort. Quatre des autres destroyers n'ont pas pu retourner au Japon. De l'équipage *du Yamato*, seuls 269 hommes sur 2747 ont survécu à la bataille navale. Le *Yahagi* a perdu 446 hommes et sur les destroyers, 391 ont été tués. Les Américains ont perdu 10 avions et 12 militaires. Ce fut la dernière action de la flotte japonaise pendant la guerre.

Impact

Les combats acharnés et les pertes extrêmement élevées par rapport aux normes américaines sur une île relativement petite ont donné aux Américains peu de courage ou d'espoir pour une invasion par des moyens conventionnels des îles principales du Japon. C'était précisément l'intention du commandement suprême japonais.

Cela a contribué à la décision du président Harry Truman de larguer les bombes atomiques développées secrètement sur Hiroshima et Nagasaki. Selon la croyance populaire, l'empereur Hirohito a ainsi été contraint de capituler. Cela marque la fin de la Seconde Guerre mondiale, l'Allemagne ayant déjà capitulé en mai 1945.

Fin de la guerre

Avec l'effondrement de l'Allemagne nazie en mai 1945, les Américains veulent mettre fin à la guerre en Asie le plus rapidement possible. Il a été convenu avec l'Union soviétique qu'elle annulerait le traité de non-agression avec le Japon et déclarerait la guerre après 3 mois (c'est-à-dire le 8 août 1945).

Malgré les bombardements intensifs des villes japonaises, le Japon refuse de se rendre. Pour forcer le Japon à se rendre, sans subir d'énormes pertes de leur côté en envahissant le Japon, les Américains décident de déployer une nouvelle arme : la bombe atomique. Le 6 août, la première bombe atomique, surnommée *Little Boy*, tombe sur Hiroshima. Elle est suivie quelques jours plus tard, le 9 août, par la bombe *Fat Man*, qui tombe sur Nagasaki. Un jour avant l'attaque atomique sur Nagasaki, l'Union soviétique avait déclaré la guerre au Japon. Le 9 août, l'Union soviétique lance l'opération August Storm, avec 1,5 million de soldats entrant en Mandchourie (Manchukwo), en Mongolie intérieure (Mengjiang), au sud de Sakhaline (Karafuto), en Corée du Nord et, le 18 août, dans les Kouriles. Les Japonais surpris n'offrent que peu de résistance et plus d'un million d'hommes, dont 180 généraux, sont faits prisonniers de guerre. Les parachutistes russes parviennent également à arrêter l'empereur fantoche de Mandchourie, Pu Yi.

Le 14 août à 23 heures, le Japon informe les Alliés par télégramme qu'il accepte les termes de la déclaration de Potsdam et ceux de la lettre du secrétaire d'État américain James F. Byrnes du 11 août.

147

Avec ça, le Japon s'est rendu. Un jour plus tard, à midi, la nouvelle de la capitulation du Japon est annoncée par radio par l'empereur, mais les Soviétiques poursuivent leur avancée jusqu'au 1er septembre et capturent les Kouriles. Le 2 septembre, le Japon signe l'acte de reddition sur le cuirassé *Missouri*. Cela a mis fin à la Seconde Guerre mondiale.

Lors de la paix conclue, le Japon a cédé plusieurs de ses territoires :

- Son mandat sur les îles du Pacifique anciennement allemandes (indépendantes)
- la moitié sud de l'île de Sakhaline (à l'Union soviétique)
- Les Kouriles (vers l'Union soviétique)
- Chemin de fer de la Mandchourie du Sud (Chine)

- Taiwan (Chine)

149

Après coup

La fin de la Seconde Guerre mondiale a été suivie d'une onde de choc de changements induits par la guerre en Asie de l'Est.

La guerre civile a éclaté en Chine peu après la Seconde Guerre mondiale entre le gouvernement nationaliste de Chiang Kai-shek et les communistes de Mao Tsetung. En 1949, les communistes ont gagné et la République populaire de Chine a été fondée. Les nationalistes se sont enfuis à Formose, où ils ont maintenu la République de Chine, aujourd'hui mieux connue sous le nom de Taïwan.

Dans les Indes orientales néerlandaises, l'occupation japonaise a entraîné l'émergence d'un mouvement d'indépendance et, le 17 août 1945, la colonie néerlandaise a déclaré son indépendance en tant que République d'Indonésie, avec Sukarno comme premier président. Des années de guérilla ont suivi, auxquelles les Pays-Bas ont répondu par des actions dites de police, jusqu'à ce que les Pays-Bas, sous la pression des États-Unis, reconnaissent l'indépendance de l'Indonésie le 27 décembre 1949.

Après la Seconde Guerre mondiale, la Corée a été divisée en une partie nord, communiste, soutenue par l'Union soviétique, et une partie sud, soutenue par les États-Unis. En 1950, la Corée du Nord envahit la partie sud, la Corée du Sud. Une force des Nations unies défend la Corée du Sud, sur laquelle la Nouvelle République populaire de Chine intervient du côté de la Corée du Nord. En 1953, un armistice a été signé entre la Corée du Nord et la Corée du Sud, qui s'est poursuivi jusqu'à ce jour.

Les nationalistes ont également saisi leur chance dans la colonie française du Vietnam. Peu après la fin de la Seconde Guerre mondiale, une guérilla éclate entre les Français et les nationalistes, ce qui marque le début de la guerre du Vietnam. En 1949, les Français ont dû reconnaître l'indépendance du Vietnam. Cependant, le conflit avec le Vietminh communiste de Hồ Chí Minh se poursuit et, en 1950, Ho Chi Minh déclare l'indépendance du Nord-Vietnam. En 1957, la guerre éclate entre le Nord-Vietnam et le Sud-Vietnam soutenu par les États-Unis, une guerre dans laquelle les Américains s'impliquent de plus en plus.